Produção de Texto
Ensino Fundamental

5

Rosemeire Aparecida Alves

Professora graduada em Letras pela Universidade Estadual de Londrina (UEL-PR).
Pós-graduada em Língua Portuguesa pela Universidade Estadual de Londrina (UEL-PR).
Atuou como professora das redes pública e particular de ensino.

COLABORADORES

Daisy Silva Rosa Asmuz:
Assessora pedagógica e editora de livros didáticos
de Educação Infantil e Ensino Fundamental I.

Maria Regina de Campos:
Assessora pedagógica e editora de livros didáticos
de Educação Infantil e Ensino Fundamental I.

Tiago Henrique Buranello:
Professor de Produção de texto de Ensino Fundamental e Médio.

FTD

FTD

Copyright © Rosemeire Aparecida Alves, 2017

Diretor editorial	Lauri Cericato
Gerente editorial	Silvana Rossi Julio
Editora	Natalia Taccetti
Gerente de produção editorial	Mariana Milani
Coordenador de produção editorial	Marcelo Henrique Ferreira Fontes
Gerente de arte	Ricardo Borges
Coordenadora de arte	Daniela Máximo
Supervisora de iconografia e licenciamento de textos	Elaine Bueno
Diretor de operações e produção gráfica	Reginaldo Soares Damasceno
Projeto e produção editorial	Scriba Soluções Editoriais
Editora executiva	Roberta Caparelli
Edição	Alessandra Avanso, Mariana Diamante e Denise Andrade
Assistência editorial	Karina Otsuka, Verônica Rosa e Ieda Rodrigues
Redação	Luciane Vilain
Leitura crítica e assessoria pedagógica	Daisy Asmuz, Maria Regina de Campos e Tiago Buranello
Revisão	Ana Lúcia Pereira
Coordenação de produção	Daiana Melo
Projeto gráfico	Marcela Pialarissi
Capa	Sergio Cândido
Imagem de capa	Gouraud Studio/Shutterstock.com.br
Edição de ilustrações	Ana Elisa Carneiro
Diagramação	Luiz Roberto Correa (Beto)
Tratamento de imagens	José Vitor Elorza Costa e Luigi Cavalcante
Autorização de recursos	Erick Almeida
Pesquisa iconográfica	André S. Rodrigues
Editoração eletrônica	Renan Fonseca

Dados Internacionais de Catalogação na Publicação (CIP)
(Câmara Brasileira do Livro, SP, Brasil)

Alves, Rosemeire Aparecida
Produção de texto : ensino fundamental 5º ano / Rosemeire Aparecida Alves. -- 1. ed. -- São Paulo : FTD, 2017.

ISBN: 978-85-96-01161-7 (aluno)
ISBN: 978-85-96-01162-4 (professor)

1. Português (Ensino fundamental) I. Título.

17-06616   CDD-372.6

Índices para catálogo sistemático:
1. Português : Ensino fundamental 372.6

1 2 3 4 5 6 7 8 9

Envidamos nossos melhores esforços para localizar e indicar adequadamente os créditos dos textos e imagens presentes nesta obra didática. No entanto, colocamo-nos à disposição para avaliação de eventuais irregularidades ou omissões de crédito e consequente correção nas próximas edições. As imagens e os textos constantes nesta obra que, eventualmente, reproduzam algum tipo de material de publicidade ou propaganda, ou a ele façam alusão, são aplicados para fins didáticos e não representam recomendação ou incentivo ao consumo.

Reprodução proibida: Art. 184 do Código Penal e Lei 9.610 de 19 de fevereiro de 1998.
Todos os direitos reservados à **EDITORA FTD**.

Rua Rui Barbosa, 156 – Bela Vista – São Paulo – SP
CEP 01326-010 – Tel. 0800 772 2500
Caixa Postal 65149 – CEP da Caixa Postal 01390-970
www.ftd.com.br
central.relacionamento@ftd.com.br

Produção gráfica
FTD educação | GRÁFICA & LOGÍSTICA
Avenida Antônio Bardella, 300 – 07220-020 GUARULHOS (SP)
Fone: (11) 3545-8600 e Fax: (11) 2412-5375

A - 866.728/24
M - 818.894/24

SEJA BEM-VINDO!

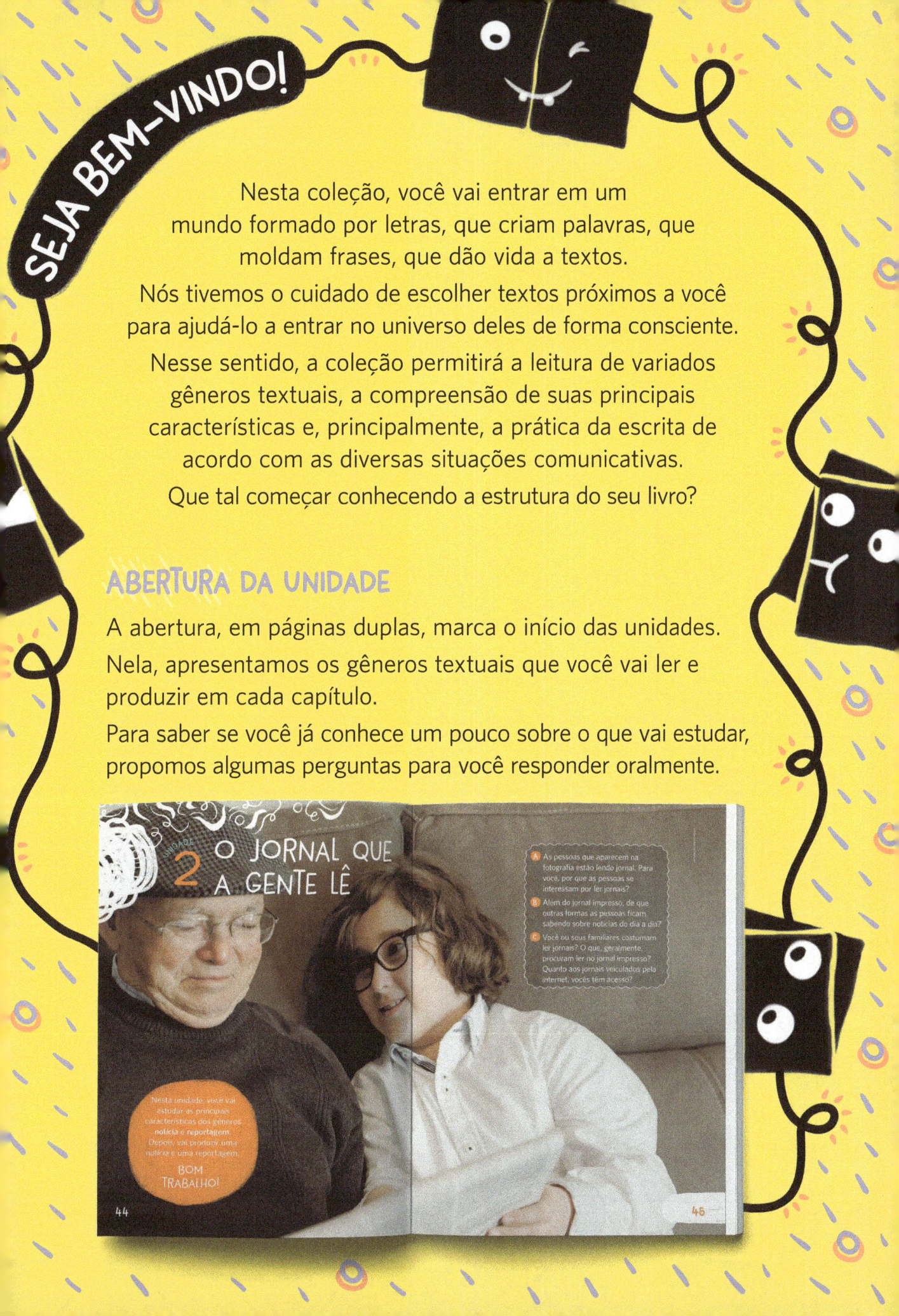

Nesta coleção, você vai entrar em um mundo formado por letras, que criam palavras, que moldam frases, que dão vida a textos.

Nós tivemos o cuidado de escolher textos próximos a você para ajudá-lo a entrar no universo deles de forma consciente.

Nesse sentido, a coleção permitirá a leitura de variados gêneros textuais, a compreensão de suas principais características e, principalmente, a prática da escrita de acordo com as diversas situações comunicativas.

Que tal começar conhecendo a estrutura do seu livro?

ABERTURA DA UNIDADE

A abertura, em páginas duplas, marca o início das unidades.

Nela, apresentamos os gêneros textuais que você vai ler e produzir em cada capítulo.

Para saber se você já conhece um pouco sobre o que vai estudar, propomos algumas perguntas para você responder oralmente.

LENDO

Esta seção apresenta um exemplar do gênero textual que você vai estudar no capítulo.

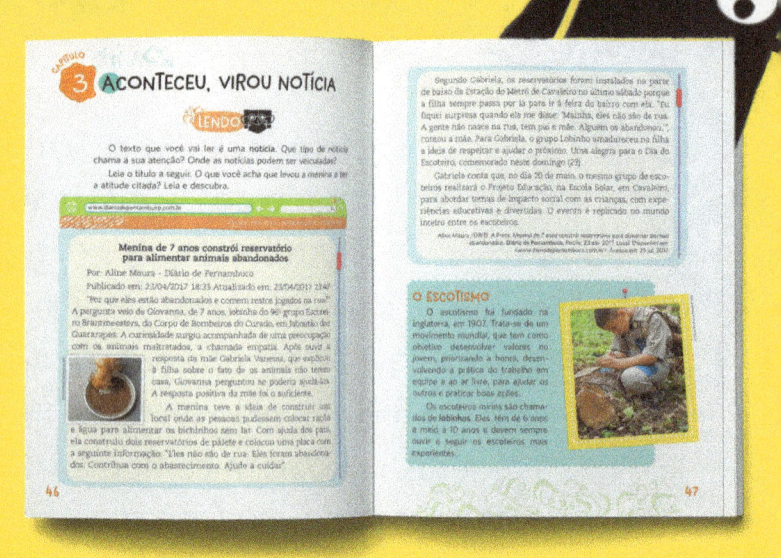

COMPREENDENDO O TEXTO

Nesta seção, há questões que vão mostrar se realmente você entendeu o texto lido.

ESTUDANDO O GÊNERO

Nesta seção, você vai conhecer algumas características do gênero do texto apresentado na seção **Lendo**.

PRODUÇÃO

Nesta seção você vai produzir um texto do mesmo gênero textual estudado na seção **Lendo**. Para ajudá-lo, ela está dividida em três etapas.

DICA

Neste boxe, você vai encontrar dicas sobre algum assunto que estiver estudando.

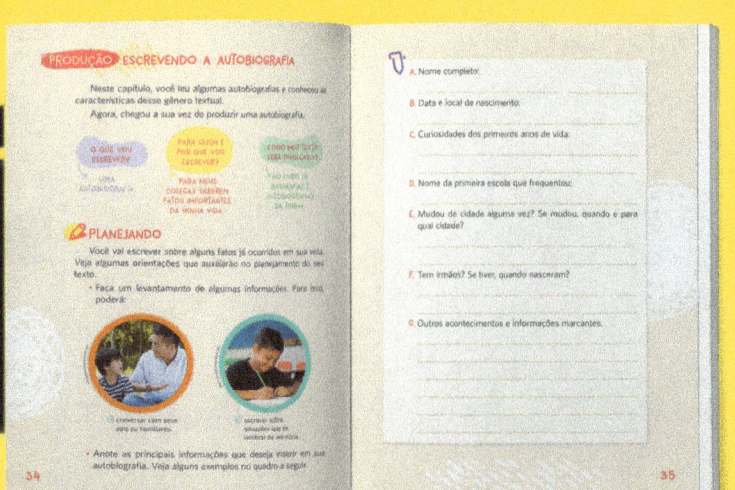

PLANEJANDO

Etapa de orientações para planejar o texto.

PRODUZINDO

Etapa da criação do texto.

AVALIANDO

Etapa em que você verifica se todas as orientações foram seguidas.

MÃOS À OBRA!

A seção **Mãos à obra!** aparece ao final de cada unidade.

Trata-se de projetos em que toda a turma vai socializar as suas produções de muitas formas, como em uma exposição, em um sarau ou em formato de um livro.

Este boxe traz alguns conceitos importantes estudados durante o capítulo.

CURIOSIDADE

Este é o boxe das curiosidades e das informações complementares. Ele estará presente sempre que algum assunto ou texto permitir a apresentação de algo novo, curioso.

PARA CONHECER MAIS

Este boxe apresenta algumas dicas de livros, *sites* e filmes relacionados aos gêneros ou aos temas trabalhados nas unidades.

ATITUDE CIDADÃ

Este boxe traz informações que vão ajudá-lo a refletir e a discutir sobre alguns assuntos, contribuindo para a sua formação de cidadão.

SUMÁRIO

UNIDADE 1

HISTÓRIAS DE VIDA...8

CAPÍTULO 1
- Pessoas e suas histórias 10
- **LENDO** Magic Paula • Paola Gentile 10
- **COMPREENDENDO** o texto.......13
- **ESTUDANDO** a biografia..........14
- **PRODUÇÃO** Escrevendo uma biografia 20

CAPÍTULO 2
- Escrevendo sobre a minha vida 27
- **LENDO** Quem é Fernando Carraro • Fernando Carraro 27
- **COMPREENDENDO** o texto......28
- **ESTUDANDO** a autobiografia.....29
- **PRODUÇÃO** Escrevendo a autobiografia......................34

MÃOS À OBRA!
- Livro de biografias e autobiografias da turma..........41

UNIDADE 2

O JORNAL QUE A GENTE LÊ..............44

CAPÍTULO 3
- Aconteceu, virou notícia 46
- **LENDO** Menina de 7 anos constrói reservatório para alimentar animais abandonados • Aline Moura...................46
- **COMPREENDENDO** o texto......48
- **ESTUDANDO** a notícia...............49
- **PRODUÇÃO** Escrevendo uma notícia............................55

CAPÍTULO 4
- Extra! Extra!............................61
- **LENDO** Crianças palpitam, mostram interesse e ajudam na cozinha • Gustavo Perucci...................61
- **COMPREENDENDO** o texto......64
- **ESTUDANDO** a reportagem......65
- **PRODUÇÃO** Escrevendo uma reportagem.....................71

MÃOS À OBRA!
- Telejornal da turma.................77

UNIDADE 3

EU RESPEITO, E VOCÊ? 80

CAPÍTULO 5
Respeito e boa convivência ... 82
LENDO Por que "tirar sarro" do diferente?
• Rosely Sayão 82
COMPREENDENDO o texto 84
ESTUDANDO o artigo de opinião 85
PRODUÇÃO Escrevendo um artigo de opinião 91

CAPÍTULO 6
Eu também digo não! 97
LENDO Bullying 97
COMPREENDENDO o texto 98
ESTUDANDO a carta de leitor 99
PRODUÇÃO Escrevendo uma carta de leitor 103

MÃOS À OBRA!
Seminário - Bullying: está na hora de acabar com isso! 109

UNIDADE 4

VAMOS CUIDAR DO QUE É NOSSO! 112

CAPÍTULO 7
Vou te contar... mas não tudo 114
LENDO Sinopse do livro Meio ambiente: uma introdução para crianças ... 114
COMPREENDENDO o texto ... 115
ESTUDANDO a sinopse 116
PRODUÇÃO Escrevendo uma sinopse de livro 120

CAPÍTULO 8
O futuro depende de nós 125
LENDO Nem tudo que se joga fora é lixo • Fernando Bonassi 125
COMPREENDENDO o texto ... 127
ESTUDANDO a crônica 128
PRODUÇÃO Escrevendo uma crônica 134

MÃOS À OBRA!
Catálogo de sugestões de leitura da turma 141

UNIDADE

1 HISTÓRIAS DE VIDA

Nesta unidade, você vai estudar as principais características dos gêneros **biografia** e **autobiografia**. Depois, vai produzir a biografia de uma pessoa conhecida publicamente e uma autobiografia.

BOM TRABALHO!

A Releia o título da unidade. Você já leu algum texto que falava sobre a vida de alguém? Que informações ele trazia?

B Há livros que registram fatos importantes da vida de pessoas que se destacam em certas atividades, como escritores, cientistas e artistas. Você acha importante conhecer essas informações? Por quê?

C Se você tivesse que escrever algo sobre você para que as pessoas o conhecessem, o que escreveria?

CAPÍTULO 1 PESSOAS E SUAS HISTÓRIAS

LENDO

O texto a seguir é uma **biografia**. Sobre o que trata um texto como esse?

O título do texto é o nome de uma pessoa. Você já ouviu falar nela? Que tipo de informações você espera encontrar neste texto?

Leia a biografia e descubra sobre o que ela trata.

Magic Paula

[...]

Paula tinha um pouco mais de 8 anos quando acompanhou Ilda em um curso que ela daria para as merendeiras da prefeitura na Escola Industrial. Esse dia ficou marcado na memória de Paula: enquanto a mãe ensinava as cozinheiras como aumentar o apetite das crianças, ela foi dar uma volta. Na quadra de esportes, chamou-lhe a atenção uma professora de Educação Física: correndo, ela batia uma bola no chão, pulava e a arremessava na direção de um aro suspenso. Paula ficou um tempão admirando os movimentos.

"Que bonito que é isso! Quero fazer também!", pensou Paula.

A menina passou a imitar os gestos daquele esporte e o praticava em todo lugar. Uma noite, Ilda e Beto chegaram do supermercado e notaram uma luz estranha, bruxuleante, que vinha dos fundos de casa. O casal largou as compras no chão e entrou devagarinho. Pela janela da cozinha, viram o quintal repleto de velas acesas. Paula corria de um lado para o outro e tentava acertar a bola no meio de um assento de privada que ela havia amarrado no alto de uma árvore.

Ilustrações: Rogério Casagrande

As tardes que Paula passava no Clube das Bandeiras eram dedicadas aos esportes — e qualquer modalidade valia!

O espírito de competição começava a aparecer forte na garota. Uma vez, em um torneio de xadrez entre os sócios, Paula percebeu que havia apenas um participante e resolveu inscrever-se.

— Ganhando ou perdendo, vou receber uma medalha de qualquer jeito, porque só tem dois competindo.

Com a equipe de basquete juvenil da cidade, ela brincava de 21, jogo que tem as mesmas regras do esporte convencional, mas é praticado em meia quadra, com três jogadores de cada lado, o que exige mais agilidade e destreza.

O esporte estava no sangue da família. Cássia já jogava vôlei no time do clube, quando também foi convidada para integrar a equipe feminina de basquete formada por Rui Camarinha. Paula tinha então 10 anos e ficou entusiasmadíssima. No caminho da casa para o clube e do clube para a casa, ela não falava outra coisa:

— Cássia, pede para o Rui deixar eu treinar com vocês, por favor? Pede, vai? — insistia a menina.

— Mas você é muito pequena, Paula. Não vê que o time só tem garotas de 15, 16 anos? — argumentou a irmã.

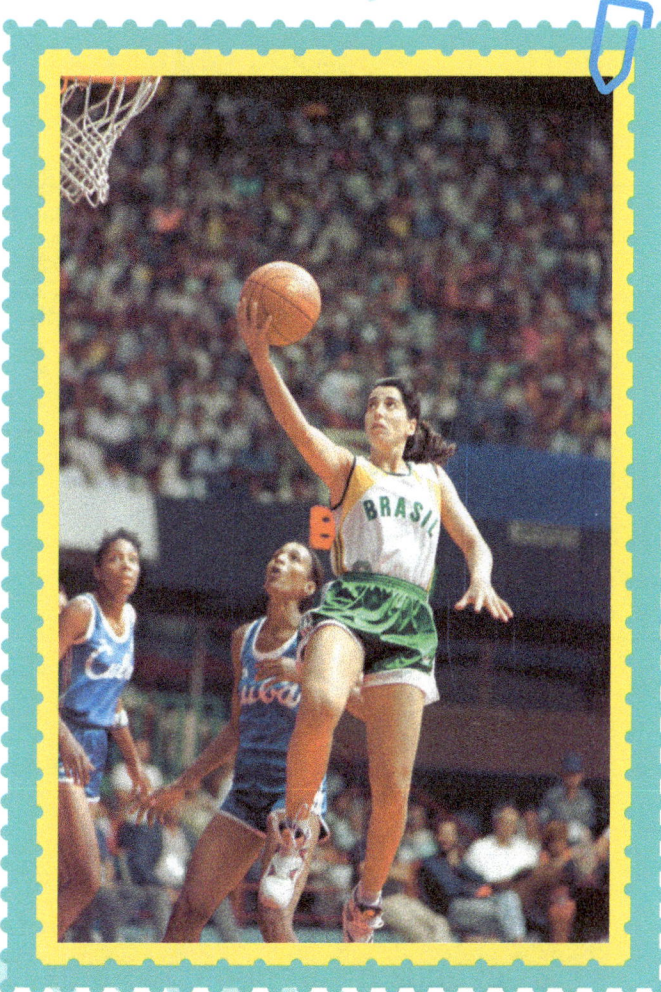

— Não tem problema, eu não ligo!

Paula não desistia e ficava à espreita. Assim que o treino parava, ela pegava a bola e saía arremessando, mostrando mais do que interesse: a menina tinha talento e habilidade. Depois de algum tempo, Cássia e as outras garotas do time acabaram dando a maior força e falaram com o treinador.

Assim Paula começou a treinar e, mesmo sendo a mais baixinha, marcava os adversários e fazia muitas cestas.

[...]

Paola Gentile. **Magic Paula**. 2. ed. São Paulo: Callis, 2012. p. 17-22.

A CARREIRA

Paula Gonçalves da Silva nasceu em Osvaldo Cruz, estado de São Paulo, em 11 de março de 1962. É considerada uma das melhores jogadoras de basquetebol de todos os tempos e brilhou nas quadras com seus arremessos de três pontos.

Aos 14 anos, foi convocada pela primeira vez para integrar a seleção brasileira feminina adulta. Convocada inúmeras outras vezes, tornou-se a segunda maior pontuadora da história da nossa seleção.

Despediu-se dos jogos de basquete no início de 2000.

COMPREENDENDO O TEXTO

1. Sua opinião sobre o que o texto iria tratar estava correta? Comente.

2. O título do texto é composto pelo nome da atleta, Paula, mais o apelido *magic*, que significa **mágica**. Por que você acha que ela recebeu esse apelido? Comente.

3. O texto apresenta um período da vida de Paula. Qual é esse período?

4. Qual informação sobre a vida de Magic Paula você achou mais interessante?

_____
_____
_____

5. Como Magic Paula conheceu o basquete?

_____
_____

6. Com que idade Magic Paula começou a treinar basquete?

_____

ATITUDE CIDADÃ

Magic Paula aprendeu a ter disciplina e perseverança com a vida de atleta. Agora, no **Instituto Passe de Mágica**, ela ensina tais princípios a crianças e jovens carentes, com a intenção de ajudar a diminuir a desigualdade social no país.

7. Releia este trecho da biografia.

> Paula não desistia e ficava à espreita. Assim que o treino parava, ela pegava a bola e saía arremessando, mostrando mais do que interesse: a menina tinha talento e habilidade.

A. Esse trecho é iniciado com o nome de Paula. Depois, foram usadas duas outras palavras para se referir a ela. Copie-as.

_____

B. O nome Paula foi substituído por outras palavras para:

○ dificultar a compreensão.

○ evitar a repetição de palavras.

○ deixar o texto menos cansativo de ler.

8. Em outro trecho do texto, aparece a seguinte informação: "O esporte **estava no sangue da família**.".
Qual é o sentido da expressão em destaque?

_____
_____

ESTUDANDO A BIOGRAFIA

1. Pesquise no dicionário o significado da palavra **biografia**. Depois, explique por que o texto lido pode ser classificado como uma biografia.

_____
_____
_____

14

2. Com base na resposta da questão anterior, podemos concluir que a biografia lida:

○ apresenta informações fictícias, criadas pela imaginação.

○ apresenta informações reais sobre a vida de uma pessoa.

3. Releia um trecho da biografia.

> Esse dia ficou marcado na memória de Paula: enquanto a mãe ensinava as cozinheiras como aumentar o apetite das crianças, ela foi dar uma volta.

A. Assinale a resposta que indica quem relata a vida da atleta.

○ Magic Paula.   ○ Outra pessoa.

B. Sublinhe no trecho acima as expressões que justificam a resposta anterior.

4. Entre as frases a seguir, qual poderia ser o início de uma biografia?

○ No próximo domingo, os dois times mais importantes de São Paulo se enfrentarão pela final do campeonato.

○ Pedro é de uma família de músicos e, desde os 5 anos, já apresentava um grande interesse por instrumentos musicais.

5. Você viu que o título da biografia lida é composto pelo nome da pessoa biografada. Leia os títulos a seguir e assinale os que poderiam ser títulos de biografia.

○ Pelé, o rei do futebol   ○ O Pequeno Príncipe

○ O menino do dedo verde   ○ Santos Dumont, pai da aviação

6. Releia a biografia. Agora, explique como é apresentada a sequência dos fatos.

_____

_____

_____

7. Em uma biografia, geralmente, os fatos são apresentados em ordem cronológica, e o texto apresenta palavras que dão indícios de quando esses fatos aconteceram. Leia os exemplos a seguir.

> Paula **tinha** um pouco mais de 8 anos quando **acompanhou** Ilda em um curso que ela **daria** para as merendeiras da prefeitura na Escola Industrial.

> O espírito de competição **começava** a aparecer forte na garota. Uma vez, em um torneio de xadrez entre os sócios, Paula **percebeu** que **havia** apenas um participante e **resolveu** inscrever-se.

> Assim Paula **começou** a treinar e, mesmo sendo a mais baixinha, **marcava** os adversários e **fazia** muitas cestas.

Com base nas palavras destacadas nos trechos acima, complete a frase a seguir, utilizando uma expressão de cada quadro.

ESTÃO ACONTECENDO		PRESENTE
ACONTECERAM		PASSADO
VÃO ACONTECER		FUTURO

Em uma biografia, as informações referem-se a fatos que _____, ou seja, os verbos indicam que as ações foram realizadas no _____.

8. O texto a seguir é um trecho da biografia de Ziraldo, criador do personagem Menino Maluquinho. Ela está com os parágrafos misturados. Enumere-os de acordo com a ordem dos acontecimentos.

◯ Já adulto, sua primeira publicação foi uma revista em quadrinhos cujo herói era o Saci, figura mais importante do folclore brasileiro. Era a revistinha Pererê, a primeira do gênero de um autor brasileiro.

◯ Ziraldo nasceu em Caratinga, Minas Gerais, no dia 24 de outubro de 1932. Primeiro dos sete filhos do casal Zizinha e Geraldo Alves Moreira Pinto, ele começou a desenhar aos três anos e nunca mais parou. Nascia ali, num vilarejo mineiro chamado Lajão, no vale do Rio Doce, um dos artistas gráficos mais importantes do Brasil. No Lajão, para onde sua família se mudara em 1935, e depois na cidade natal de Caratinga, a "carreira" de desenhista do menino Ziraldo logo se revelaria brilhante.

◯ O Menino Maluquinho, lançado em 1980, é o maior sucesso da literatura infantil do Brasil, com mais de dois milhões e meio de exemplares vendidos. É a história de um menino que vive feliz a sua infância. [...]

◯ Da revista, Ziraldo passou para os livros. O primeiro que escreveu para crianças, **Flicts**, foi lançado em 1969. Até hoje, Ziraldo escreveu mais de 110 livros, muitos dos quais premiados e traduzidos em vários idiomas.

Audálio Dantas. **A infância de Ziraldo**. 2. ed. São Paulo: Callis, 2012. p. 39.

9. Agora, vamos analisar cada um dos parágrafos da biografia de Ziraldo.

A. Sobre o que trata o primeiro parágrafo da biografia?

_____
_____
_____
_____
_____

B. O que o segundo e o terceiro parágrafos têm em comum?

○ Eles falam de maneira básica sobre a vida pessoal de Ziraldo.

○ Contam detalhes sobre a vida adulta de Ziraldo.

C. Em relação ao último parágrafo, a biografia:

○ apresenta o livro que fala sobre o personagem mais conhecido de Ziraldo.

○ apresenta o local de nascimento de Ziraldo.

10. Além de informações como as presentes na biografia de Ziraldo e de Magic Paula, que outras informações poderiam conter em uma biografia? Escreva a seguir.

_____
_____
_____
_____
_____
_____

11. Agora, observe outra forma de apresentar uma biografia.

NOME: Monteiro Lobato.

DATA E LUGAR DE NASCIMENTO: Taubaté, 18 de abril de 1882.

OCUPAÇÃO: Escritor.

SUA INFÂNCIA: Um menino que passava boa parte do tempo na fazenda, seu apelido era Juca, aprendeu a ler bem cedo e gostava de brincar com suas irmãs.

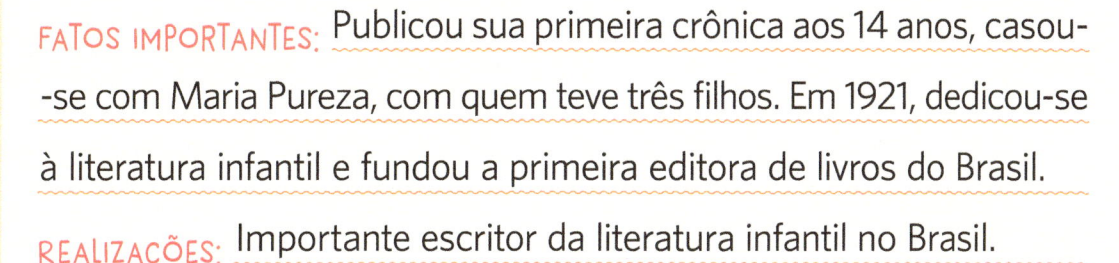

FATOS IMPORTANTES: Publicou sua primeira crônica aos 14 anos, casou-se com Maria Pureza, com quem teve três filhos. Em 1921, dedicou-se à literatura infantil e fundou a primeira editora de livros do Brasil.

REALIZAÇÕES: Importante escritor da literatura infantil no Brasil.

Compare essa biografia com as lidas nas páginas anteriores e escreva a seguir.

A. O que elas apresentam em comum?

_____

B. Qual é a principal diferença entre elas?

_____

_____

PARA CONHECER MAIS

Quer saber mais histórias da vida de pessoas famosas? Então, você precisa conhecer a **Coleção A infância de...**, publicada pela Editora Callis, composta por títulos como "A infância de Ziraldo", "A infância de Mauricio de Sousa" e "A infância de Ruth Rocha".

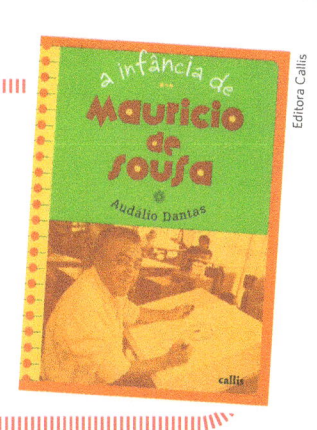

PRODUÇÃO — ESCREVENDO UMA BIOGRAFIA

Neste capítulo, por meio da leitura de algumas biografias, você conheceu alguns fatos da história da vida de pessoas que se destacaram em diferentes áreas, contados por outras pessoas.

Agora, você vai escrever sobre alguns fatos da vida de uma pessoa conhecida do público.

O QUE VOU ESCREVER?
↓
UMA BIOGRAFIA.

SOBRE QUEM VOU ESCREVER?
↓
SOBRE UMA PESSOA CONHECIDA DO PÚBLICO.

COMO A BIOGRAFIA SERÁ DIVULGADA?
↓
NO LIVRO DE BIOGRAFIAS DA TURMA.

PLANEJANDO

Para realizar esta atividade, siga algumas orientações. Veja a seguir.

- Escolha a pessoa que será biografada. Pode ser uma pessoa que tenha se destacado em áreas como:

  ARTES   ESPORTES   MUNDO DAS CIÊNCIAS
  MÚSICA   LITERATURA

- Pesquise os dados da pessoa em livros, revistas, jornais, enciclopédias ou na internet.

PARA CONHECER MAIS

Para obter informações sobre personalidades do Brasil e do mundo, uma sugestão para a pesquisa é acessar o *site*: <http://ftd.li/miwizf>, acesso em: 5 jul. 2017.

20

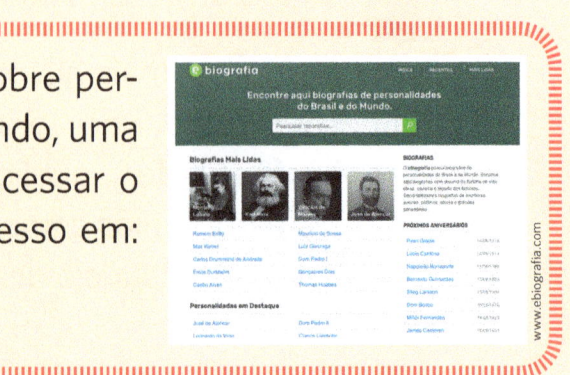

Anote, no quadro a seguir, as principais informações dessa pessoa.

BIOGRAFIA DE _____

NOME COMPLETO: _____

DATA E LUGAR DE NASCIMENTO: _____

OCUPAÇÃO: _____

CURIOSIDADES SOBRE ESSA PESSOA: _____

_____

_____

_____

FATOS IMPORTANTES DE SUA VIDA: _____

_____

_____

_____

PRINCIPAIS REALIZAÇÕES: _____

_____

_____

_____

ONDE ENCONTROU AS INFORMAÇÕES: _____

_____

PRODUZINDO A BIOGRAFIA

Agora, produza a biografia. Veja as orientações.

- Nas páginas 23 e 24, escreva o rascunho do seu texto.
- Dê um título para a biografia, que pode ser o nome da pessoa sobre quem você vai escrever.
- Escreva acontecimentos reais, ou seja, fatos que ocorreram com a pessoa escolhida.
- Ao relatar fatos do passado da vida dessa pessoa, use verbos no tempo passado.
- Como você vai escrever sobre uma pessoa, utilize palavras como ele/ela, seu/sua, dele/dela.
- Se possível, cole a reprodução de uma fotografia da pessoa biografada para ilustrar seu texto.

AVALIANDO A BIOGRAFIA

Finalizado o texto, avalie-o com base nas questões a seguir.

AVALIAÇÃO	SIM	NÃO
A BIOGRAFIA APRESENTA TÍTULO?		
APRESENTA OS FATOS MAIS IMPORTANTES DA VIDA DA PESSOA?		
AS INFORMAÇÕES SÃO VERDADEIRAS?		
OS VERBOS ESTÃO NO TEMPO PASSADO?		
O TEXTO ESTÁ ESCRITO NA 3ª PESSOA?		

Corrija o que for necessário e registre a versão final da sua biografia nas páginas 25 e 26.

MÃOS À OBRA! NA SEÇÃO MÃOS À OBRA!, A SUA BIOGRAFIA SERÁ USADA PARA COMPOR O LIVRO DE BIOGRAFIAS E AUTOBIOGRAFIAS DA TURMA.

RASCUNHO

VERSÃO FINAL

CAPÍTULO 2 — ESCREVENDO SOBRE A MINHA VIDA

LENDO

No capítulo anterior, você leu uma biografia. Agora, vai conhecer uma **autobiografia**. Com base no que estudou, sobre o que você imagina que este texto vai tratar? Você já leu alguma autobiografia? Em caso afirmativo, diga de quem ela era.

Leia a autobiografia.

Quem é Fernando Carraro

Americana é uma bela cidade situada a 130 km de São Paulo. Foi lá que nasci em 1º de maio de 1942. Atualmente vivo em São Paulo com minha família.

Sou formado em História e Geografia. Grande parte da minha vida dediquei ao magistério, como professor de Geografia. Hoje, escrevo e visito escolas interagindo com meus leitores.

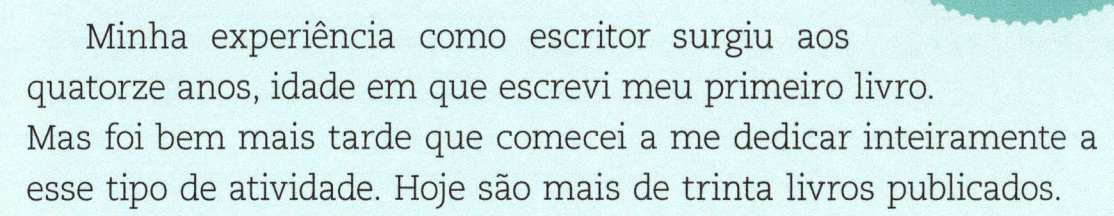

Minha experiência como escritor surgiu aos quatorze anos, idade em que escrevi meu primeiro livro. Mas foi bem mais tarde que comecei a me dedicar inteiramente a esse tipo de atividade. Hoje são mais de trinta livros publicados.

[...]

Em cada um desses livros, uma história, uma mensagem, uma semente.

[...]

Fernando Carraro. **Quem ama partilha**. São Paulo: FTD, 2009. p. 32.

COMPREENDENDO O TEXTO

1. A sua opinião sobre o que a autobiografia iria tratar se confirmou após a leitura do texto?

2. Em um trecho da autobiografia, o escritor Fernando Carraro faz a seguinte afirmação: "Em cada um desses livros, uma história, uma mensagem, uma semente.". O que você acha que ele quis dizer com essa afirmação?

3. Encontre na autobiografia da página anterior as informações a seguir e escreva-as.

LOCAL DE NASCIMENTO	
DATA DE NASCIMENTO	
QUAL PROFISSÃO EXERCEU POR MAIS TEMPO	
QUANDO ESCREVEU O PRIMEIRO LIVRO	

4. Além dessas informações, quais outras você acha que o escritor poderia ter apresentado em sua autobiografia?

ESTUDANDO A AUTOBIOGRAFIA

1. **Autobiografia** é um relato sobre fatos da vida (história) de uma pessoa:

○ escrita pela própria pessoa.

○ escrita por outra pessoa.

2. Releia o trecho a seguir. Sublinhe as palavras e expressões que comprovam a sua resposta da atividade anterior.

> Foi lá que nasci em 1º de maio de 1942. Atualmente vivo em São Paulo com minha família.
>
> Sou formado em História e Geografia. Grande parte da minha vida dediquei ao magistério, como professor de Geografia. Hoje, escrevo e visito escolas interagindo com meus leitores.

3. Marque **V** (verdadeiro) ou **F** (falso) para as alternativas sobre o gênero autobiografia.

○ Apresenta informações fictícias, criadas pela imaginação de quem relata os fatos.

○ Apresenta informações reais, que aconteceram com a pessoa que as relata.

○ Explora os acontecimentos mais importantes da vida da pessoa que a escreve.

○ Não apresenta lembranças e experiências pessoais.

4. Leia e compare estes dois trechos. Depois, responda às questões.

TRECHO A

Ruth Rocha é escritora brasileira, especializada em livros infantis. Foi eleita para a cadeira nº 38 da Academia Paulista de Letras. Seu livro **Marcelo, Marmelo, Martelo** vendeu mais de 1 milhão de cópias.

Ruth Rocha nasceu em São Paulo, no dia 2 de março de 1931. Tem formação em sociologia e atuou na área de educação. Escreveu para a revista **Cláudia**, voltada para o público feminino. Escreveu também para a revista **Educação**.

[...]

Biografia de Ruth Rocha. Disponível em: <www.ebiografia.com/ruth_rocha/>. Acesso em: 27 jun. 2017.

TRECHO B

Meu nome é Ruth Rocha, sou escritora brasileira, especializada em livros infantis. Fui eleita para a cadeira nº 38 da Academia Paulista de Letras. Meu livro **Marcelo, Marmelo, Martelo** vendeu mais de 1 milhão de cópias.

Nasci em São Paulo, no dia 2 de março de 1931. Tenho formação em Sociologia e já atuei na área de educação. Escrevi para a revista **Cláudia**, voltada para o público feminino. Escrevi também para a revista **Educação**.

Adaptado para fins pedagógicos de **Biografia de Ruth Rocha**. Disponível em: <www.ebiografia.com/ruth_rocha/>. Acesso em: 27 jun. 2017.

Entre os textos **A** e **B**, qual diferença você identifica a respeito de quem conta os acontecimentos?

_____
_____
_____

5. Em uma autobiografia, geralmente, os fatos relatados referem-se aos que estão acontecendo, já aconteceram ou que ainda vão acontecer?

6. Copie do texto da página **27** um trecho que comprove a resposta da atividade anterior. Anote-o a seguir.

7. Leia um trecho de uma autobiografia do escritor mineiro Carlos Drummond de Andrade (1902-1987). Complete os espaços, adaptando as palavras entre parênteses. Observe o exemplo.

[...]
Papai ____era____ (ser) assinante da *Gazeta de Notícias*, e antes de aprender a ler eu me _____ (sentir) fascinado pelas gravuras coloridas do suplemento de Domingo. Tentava decifrar o mistério das letras em redor das figuras, e mamãe me ajudava nisso. Quando _____ (ir) para a escola pública, já _____ (ter) a noção vaga de um universo de palavras que era preciso conquistar.

Durante o curso, minhas professoras _____ (costumar) passar exercícios de redação. Cada um de nós _____ (ter) de escrever uma carta, narrar um passeio, coisas assim. Criei gosto por esse dever, que me permitia aplicar para determinado fim o conhecimento que ia adquirindo do poder de expressão contido nos sinais reunidos em palavras.

Daí por diante as experiências foram se acumulando, sem que eu percebesse que estava descobrindo a literatura. [...]

Carlos Drummond de Andrade e outros. **Para Gostar de Ler**: crônicas. São Paulo Ática, 1979. p. 6.
© Graña Drummond - www.carlosdrummond.com.br

8. Assim como a biografia, uma autobiografia geralmente apresenta informações sobre o tempo em que os fatos aconteceram.

No texto a seguir, o escritor indígena Daniel Munduruku conta um pouco da sua vida. Sublinhe as palavras ou expressões que marcam a passagem do tempo.

> Sou um índio que estudou na cidade desde pequeno, mas fui criado numa aldeia próxima a Belém. Aprendi com meu avô o que é ser índio; aprendi os segredos da floresta, do voo dos pássaros, a reconhecer a voz da nossa mãe, a Terra. Mais tarde, morei em Manaus, onde prossegui meus estudos e iniciei minha carreira de professor. Depois, vim para São Paulo. Foi nessa época que publiquei meu primeiro livro. Hoje em dia, viajo para muitos lugares para falar sobre a questão indígena, para falar sobre a literatura indígena que está começando a aparecer no Brasil. [...]

Daniel Munduruku. **Kabá Darebu**. São Paulo: Brinque-Book, 2002. p. 29. Terceira capa.

9. Em uma autobiografia, o autor pode expressar opiniões pessoais sobre algo que relata. Releia os trechos abaixo e sublinhe onde o autor expressa a sua opinião.

A. Americana é uma bela cidade situada a 130 km de São Paulo.

B. Hoje, escrevo e visito escolas interagindo com meus leitores.

C. Minha experiência como escritor surgiu aos quatorze anos, idade em que escrevi meu primeiro livro.

D. Em cada um desses livros, uma história, uma mensagem, uma semente.

10. Releia os títulos dos textos das páginas **10** e **27**. Assinale a alternativa que indica uma característica dos títulos de biografias e autobiografias.

○ São formados por palavras que não dão pistas de quem o texto vai tratar.

○ São formados pelo nome da pessoa sobre quem o texto vai tratar.

11. Com base no que você estudou neste capítulo e no anterior, identifique as características de uma biografia e de uma autobiografia.

CARACTERÍSTICAS	BIOGRAFIA	AUTOBIOGRAFIA
Os fatos são relatados pela própria pessoa que os vivenciou.		
Os fatos são relatados por outra pessoa que não os vivenciou.		
Apresenta informações reais que aconteceram com a pessoa a que o texto se refere.		
São relatadas lembranças e experiências pessoais.		
Apresenta os acontecimentos mais importantes da vida da pessoa a que o texto se refere.		
Apresenta fatos que já aconteceram.		
Apresenta palavras e expressões que marcam a passagem do tempo.		
Pode apresentar uma opinião pessoal sobre algo que é relatado.		

PRODUÇÃO — ESCREVENDO A AUTOBIOGRAFIA

Neste capítulo, você leu algumas autobiografias e conheceu as características desse gênero textual.

Agora, chegou a sua vez de produzir uma autobiografia.

O QUE VOU ESCREVER?
↳ UMA AUTOBIOGRAFIA.

PARA QUEM E POR QUE VOU ESCREVER?
↳ PARA MEUS COLEGAS SABEREM FATOS IMPORTANTES DA MINHA VIDA.

COMO MEU TEXTO SERÁ DIVULGADO?
↳ NO LIVRO DE BIOGRAFIAS E AUTOBIOGRAFIAS DA TURMA.

✏️ PLANEJANDO

Você vai escrever sobre alguns fatos já ocorridos em sua vida. Veja algumas orientações que auxiliarão no planejamento do seu texto.

- Faça um levantamento de algumas informações. Para isso, poderá:

⌃ conversar com seus pais ou familiares.

⌃ escrever sobre situações que se lembrar de memória.

- Anote as principais informações que deseja inserir em sua autobiografia. Veja alguns exemplos no quadro a seguir.

A. Nome completo:

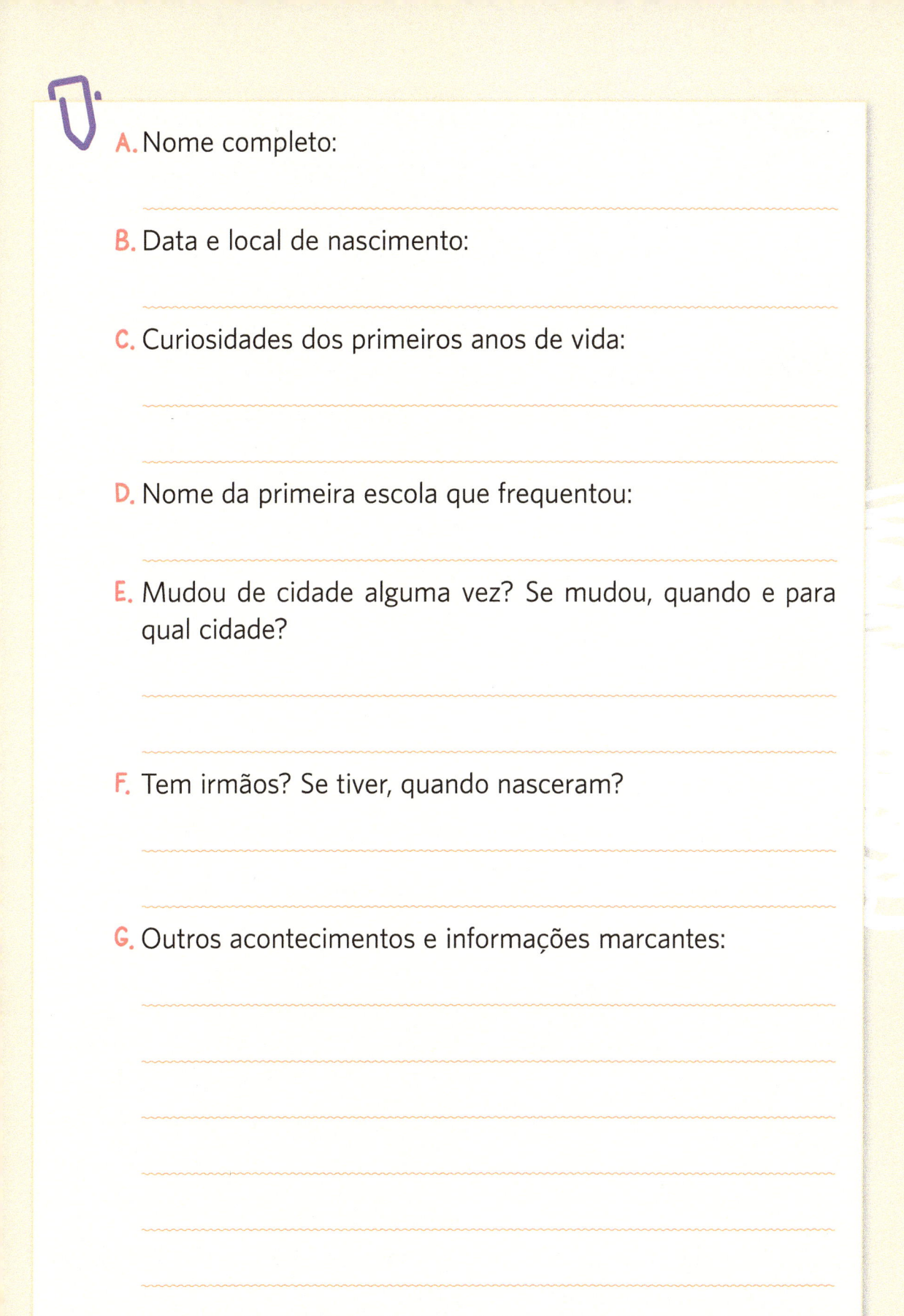

B. Data e local de nascimento:

C. Curiosidades dos primeiros anos de vida:

D. Nome da primeira escola que frequentou:

E. Mudou de cidade alguma vez? Se mudou, quando e para qual cidade?

F. Tem irmãos? Se tiver, quando nasceram?

G. Outros acontecimentos e informações marcantes:

PRODUZINDO A AUTOBIOGRAFIA

Agora, produza o seu texto. Para isso, siga algumas orientações.

- Faça um rascunho nas páginas **37** e **38**.
- Crie um título para a autobiografia.
- Relate os fatos, organizando os parágrafos na ordem em que eles aconteceram.
- Use uma linguagem simples, clara e envolvente, de forma que o leitor possa se interessar pelo texto.
- Escolha o tipo de registro que você vai usar: informal ou formal. É importante que, ao longo do texto, você mantenha coerência com o tipo de registro escolhido.
- Se desejar, use imagens ou documentos para ilustrar os fatos.

> Você pode usar marcadores da passagem do tempo, como **naquele ano**, **naquele dia**, além de verbos no tempo passado.

AVALIANDO A AUTOBIOGRAFIA

Depois de pronto, avalie seu texto para verificar se seguiu todas as orientações.

AVALIAÇÃO	SIM	NÃO
FOI DADO UM TÍTULO PARA A AUTOBIOGRAFIA?		
FORAM REGISTRADOS OS FATOS MAIS IMPORTANTES DA SUA VIDA?		
OS FATOS ESTÃO ORGANIZADOS EM ORDEM CRONOLÓGICA E EM PARÁGRAFOS?		
A LINGUAGEM UTILIZADA ESTÁ CLARA?		

Corrija o que for necessário e reescreva seu texto nas páginas **39** e **40**, destinadas à versão final.

MÃOS À OBRA! NA SEÇÃO **MÃOS À OBRA!**, ESSA AUTOBIOGRAFIA SERÁ USADA PARA COMPOR O LIVRO DE BIOGRAFIAS E AUTOBIOGRAFIAS DA TURMA.

RASCUNHO

VERSÃO FINAL

MÃOS À OBRA!

LIVRO DE BIOGRAFIAS E AUTOBIOGRAFIAS DA TURMA

Chegou o momento de você e seus colegas confeccionarem um livro com os textos produzidos nesta unidade.

Para isso, vocês deverão seguir algumas etapas. Veja a seguir.

1ª ETAPA

REUNIÃO DOS TEXTOS PRODUZIDOS

- Reúna a biografia e a autobiografia que você produziu. Para isso, use a versão final.
- Lembre-se de colocar seu nome no final dos dois textos.

2ª ETAPA

ORGANIZAÇÃO DOS TEXTOS

Para realizar essa etapa, o professor organizará a turma em três grupos.

GRUPO 1

Ficará responsável pela organização dos textos. Para isso:

- sob a orientação do professor, separem os textos: biografias e autobiografias;
- organizem os textos em ordem alfabética, de acordo com o nome do autor;
- numerem as páginas em ordem crescente.

CRIAÇÃO DA CAPA

GRUPO 2

Ficará responsável pela criação da capa do livro. Para isso:
- usem cartolina ou papel-cartão;
- anotem o título do livro e a turma;
- façam ilustrações ou decorem com recortes.

Vocês também poderão produzir a **quarta capa**, isto é, a última capa na qual, geralmente, há informações sobre o livro.

CRIAÇÃO DO SUMÁRIO

GRUPO 3

Ficará responsável pela criação do sumário do livro, que será dividido em duas partes e deverá apresentar os títulos, o nome de quem produziu e os números das páginas dos textos.

Parte I - capítulo 1 (biografias).

Parte II - capítulo 2 (autobiografias).

Observem os exemplos a seguir.

CAPÍTULO 1
BIOGRAFIAS

Mauricio de Sousa, o pai da Mônica, de Carla Silva 4

Pelé, o rei do futebol, de Diego Lima 7

CAPÍTULO 2
AUTOBIOGRAFIAS

Carla Silva em: Minha história é esta..27

Quem é Diego Lima?..29

3.ª ETAPA

MONTAGEM DO LIVRO

Sob a orientação do professor, outro grupo fará a montagem final do livro e vai encaderná-lo ou grampeá-lo.

A ordem da montagem do livro será a seguinte:

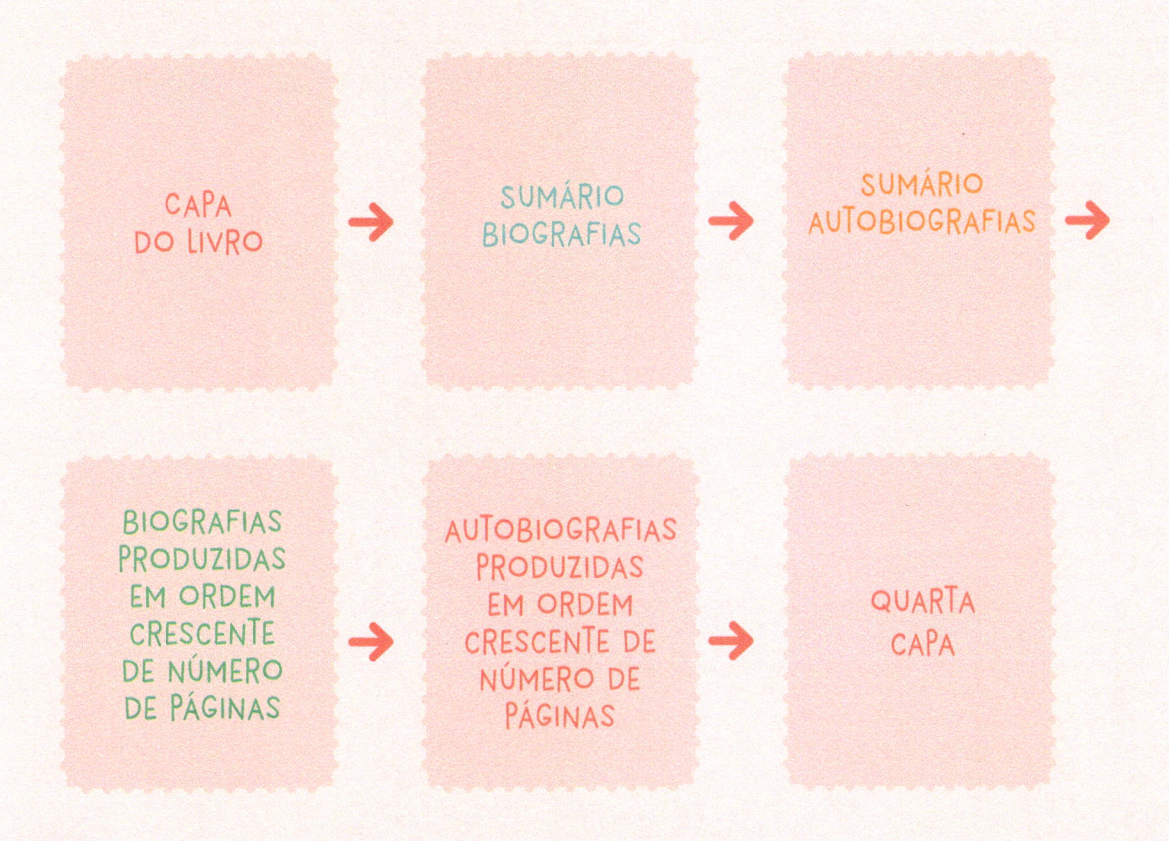

CAPA DO LIVRO → SUMÁRIO BIOGRAFIAS → SUMÁRIO AUTOBIOGRAFIAS →

BIOGRAFIAS PRODUZIDAS EM ORDEM CRESCENTE DE NÚMERO DE PÁGINAS → AUTOBIOGRAFIAS PRODUZIDAS EM ORDEM CRESCENTE DE NÚMERO DE PÁGINAS → QUARTA CAPA

4.ª ETAPA

EMPRÉSTIMO DO LIVRO

Depois de pronto, combinem com o professor um rodízio para que todos possam levar o livro para casa e mostrá-lo aos familiares e amigos.

AVALIAÇÃO

Finalmente, conversem sobre o processo de produção, sobre a participação de todos e se acham que algo pode ser melhorado nesse tipo de atividade.

UNIDADE

2 O JORNAL QUE A GENTE LÊ

Nesta unidade, você vai estudar as principais características dos gêneros **notícia** e **reportagem**. Depois, vai produzir uma notícia e uma reportagem.

BOM TRABALHO!

A As pessoas que aparecem na fotografia estão lendo jornal. Para você, por que as pessoas se interessam por ler jornais?

B Além do jornal impresso, de que outras formas as pessoas ficam sabendo sobre notícias do dia a dia?

C Você ou seus familiares costumam ler jornais? O que, geralmente, procuram ler no jornal impresso? Quanto aos jornais veiculados pela internet, vocês têm acesso?

CAPÍTULO 3 — ACONTECEU, VIROU NOTÍCIA

LENDO

O texto que você vai ler é uma **notícia**. Que tipo de notícia chama a sua atenção? Onde as notícias podem ser veiculadas?

Leia o título a seguir. O que você acha que levou a menina a ter a atitude citada? Leia e descubra.

www.diariodepernambuco.com.br

AGORA   NOTÍCIAS   INFORMAÇÕES   CONTATO

Menina de 7 anos constrói reservatório para alimentar animais abandonados

Por: Aline Moura - Diário de Pernambuco

Publicado em: 23/04/2017 18:33 Atualizado em: 23/04/2017 23:47

"Por que eles estão abandonados e comem restos jogados na rua?" A pergunta veio de Giovanna, de 7 anos, lobinha do 96º grupo Escoteiro Brantmeesters, do Corpo de Bombeiros do Curado, em Jaboatão dos Guararapes. A curiosidade surgiu acompanhada de uma preocupação com os animais maltratados, a chamada empatia. Após ouvir a resposta da mãe Gabriela Vanessa, que explicou à filha sobre o fato de os animais não terem casa, Giovanna perguntou se poderia ajudá-los. A resposta positiva da mãe foi o suficiente.

A menina teve a ideia de construir um local onde as pessoas pudessem colocar ração e água para alimentar os bichinhos sem lar. Com ajuda dos pais, ela construiu dois reservatórios de pálete e colocou uma placa com a seguinte informação: "Eles não são de rua. Eles foram abandonados. Contribua com o abastecimento. Ajude a cuidar".

Segundo Gabriela, os reservatórios foram instalados na parte de baixo da Estação do Metrô de Cavaleiro no último sábado porque a filha sempre passa por lá para ir à feira do bairro com ela. "Eu fiquei surpresa quando ela me disse: 'Mainha, eles não são de rua. A gente não nasce na rua, tem pai e mãe. Alguém os abandonou.'", contou a mãe. Para Gabriela, o grupo Lobinho amadureceu na filha a ideia de respeitar e ajudar o próximo. Uma alegria para o Dia do Escoteiro, comemorado neste domingo (23).

Gabriela conta que, no dia 20 de maio, o mesmo grupo de escoteiros realizará o Projeto Educação, na Escola Solar, em Cavaleiro, para abordar temas de impacto social com as crianças, com experiências educativas e divertidas. O evento é replicado no mundo inteiro entre os escoteiros.

Aline Moura /DP/D. A Press. Menina de 7 anos constrói reservatório para alimentar animais abandonados. **Diário de Pernambuco**, Recife, 23 abr. 2017. Local. Disponível em: <www.diariodepernambuco.com.br>. Acesso em: 25 jul. 2017.

O ESCOTISMO

O escotismo foi fundado na Inglaterra, em 1907. Trata-se de um movimento mundial, que tem como objetivo desenvolver valores no jovem, priorizando a honra, desenvolvendo a prática do trabalho em equipe e ao ar livre, para ajudar os outros e praticar boas ações.

Os escoteiros mirins são chamados de **lobinhos**. Eles têm de 6 anos e meio a 10 anos e devem sempre ouvir e seguir os escoteiros mais experientes.

COMPREENDENDO O TEXTO

1. De que forma Giovanna ajudou os animais abandonados?

2. Qual é a sua opinião sobre a atitude de Giovanna? Comente.

3. No lugar onde você mora, as pessoas costumam ajudar os animais de rua? Comente.

4. De que outras formas é possível ajudar esses animais? Explique.

5. Releia um trecho da notícia.

> A curiosidade surgiu acompanhada de uma preocupação com os animais maltratados, a chamada **empatia**.

Leia a definição dessa palavra em um dicionário.

> **Empatia** *sf* 1. Capacidade de sentir o que outra pessoa está sentindo por se colocar no lugar dela. 2. Capacidade de sentir o que uma obra de arte pode conter. Comp. com simpatia. **Em.pa.ti.a**

Geraldo Mattos. **Dicionário Júnior da língua portuguesa**. São Paulo: FTD, 2010. p. 287.

Com base nessa definição, explique por que a preocupação de Giovanna com os animais é chamada de empatia.

ATITUDE CIDADÃ

A atitude de Giovanna ajudou muitos animais que não têm lar. Além de fazer a sua parte, construindo os reservatórios para água e comida, com essa ação a menina incentivou as outras pessoas a ajudar esses bichinhos. Esse exemplo prova que uma simples atitude pode mudar o mundo à nossa volta.

ESTUDANDO A NOTÍCIA

1. A notícia tem o objetivo de informar aos leitores:

○ fatos que realmente acontecem.

○ histórias criadas pela imaginação.

2. Copie da notícia lida um fato que comprova essa resposta.

_____

_____

_____

_____

3. Um recurso muito usado em notícias são as imagens, fotografias. Marque a alternativa que explica o motivo para usar esse recurso.

○ As imagens apenas deixam as páginas de notícias mais bonitas e chamativas para o leitor.

○ As imagens ajudam a confirmar que os fatos são reais.

4. As notícias podem tratar de diversos assuntos, como esporte, arte, diversão, ciência, política e tecnologia, e despertam o interesse de um grande número de pessoas.

Dos assuntos a seguir, quais poderiam virar notícia? Sublinhe.

- O casamento de um esportista famoso.
- O conserto de um pneu de bicicleta por um borracheiro.
- A criação de uma bicicleta com material reciclável.
- A inauguração de um grande *shopping center* que gerará novos empregos.

49

5. Uma característica da notícia é que ela divulga fatos novos, recentes. Releia o seguinte trecho da notícia:

> Segundo Gabriela, os reservatórios foram instalados na parte de baixo da Estação do Metrô de Cavaleiro **no último sábado** porque a filha sempre passa por lá para ir à feira do bairro com ela. "Eu fiquei surpresa quando ela me disse 'Mainha, eles não são de rua. A gente não nasce na rua, têm pai e mãe. Alguém os abandonou.'", contou a mãe. Para Gabriela, o grupo Lobinho amadureceu na filha a ideia de respeitar e ajudar o próximo. Uma alegria para o Dia do Escoteiro, comemorado **neste domingo (23)**.

A. Quando a notícia lida foi publicada?

_____

B. Identifique no trecho acima quando o fato noticiado aconteceu e que confirma que ele é recente.

_____

6. As notícias apresentam um título que tem os seguintes objetivos:

> ANTECIPAR PARA O LEITOR O QUE SERÁ NOTICIADO.
>
> RESUMIR O FATO.
>
> ATRAIR A ATENÇÃO DO LEITOR PARA A LEITURA DA NOTÍCIA COMPLETA.

Releia o título da notícia da página 46.

> **MENINA DE 7 ANOS CONSTRÓI RESERVATÓRIO PARA ALIMENTAR ANIMAIS ABANDONADOS**

Em sua opinião, esse título atende a esses objetivos? Justifique.

_____

_____

7. Agora, leia o título a seguir.

> **UMA MENINA DE 7 ANOS CONSTRÓI UM RESERVATÓRIO PARA ALIMENTAR OS ANIMAIS ABANDONADOS**

A. Compare esse título com o apresentado na página anterior. Explique a diferença entre eles.

_____

B. Leia o título a seguir. Faça um X nas palavras que podem ser eliminadas, tornando-o mais objetivo. Depois, escreva-o abaixo.

> **UM CARRO PERDE O CONTROLE E ENTRA EM UM RESTAURANTE**

_____

8. Leia outros dois títulos de notícias.

A
> **MENINA FAZ 6 ANOS E TROCA PRESENTES DE ANIVERSÁRIO POR DOAÇÕES PARA ASILO**

Disponível em: <http://g1.globo.com>.
Acesso em: 24 jul. 2017.

B
> **A PRIMEIRA BIBLIOTECA DE RUA DO INTERIOR DE MINAS GERAIS COMPLETA UM ANO**

Disponível em: <http://jornaldeboasnoticias.com.br>.
Acesso em: 24 jul. 2017.

A. Contorne os verbos em cada um desses títulos.

B. O que é possível concluir sobre o tempo verbal dos títulos?

_____
_____

9. Esse tempo verbal é empregado não só nos títulos, mas também nos textos das notícias. Assinale com que intenção isso ocorre.

◯ Mostrar que algo está acontecendo recentemente, destacando a atualidade da notícia, o agora.

◯ Mostrar que os fatos ocorreram em outro período de tempo.

10. As notícias geralmente são escritas respondendo às seguintes questões: O QUÊ?, QUEM?, ONDE?, QUANDO?, COMO? e POR QUÊ? ou PARA QUÊ?.

Identifique essas informações na notícia e escreva-as a seguir.

PROJETO MULHERES INSPIRADORAS

Quinze escolas públicas do Distrito Federal receberão o projeto Mulheres Inspiradoras, um programa em que alunos aprendem sobre mulheres fortes e importantes. A ideia começou em 2013, quando a professora Gina Ponte, de Ceilândia, mostrou aos alunos exemplos de mulheres que inspiram milhares de pessoas. Os estudantes passaram a ler livros de meninas famosas, como *O Diário de Anne Frank*, escrito por uma menina judia que foi perseguida por nazistas na Segunda Guerra Mundial, e *Eu Sou Malala*, da paquistanesa que luta pelo direito das meninas de ir à escola. Além de estudar as obras, os alunos fazem trabalhos sobre figuras femininas importantes na história mundial e entrevistam mulheres que são bons exemplos para a sociedade.

Projeto mulheres inspiradoras. **Jornal Joca**. São Paulo: Editora Magia de Ler. ed. 90, mar. 2017. p. 3.

11. Leia outra notícia.

TRANSPLANTE PARA UM BRINQUEDO

CAMPANHA JAPONESA ESTIMULA CONSCIENTIZAÇÃO SOBRE DOAÇÃO DE ÓRGÃOS ATRAVÉS DE BICHOS DE PELÚCIA QUE RECEBERAM UM NOVO MEMBRO

Débora Zanelato

Um cachorro de pelúcia que não é mais utilizado pode salvar a vida de uma girafa que está com a perna rasgada. A campanha japonesa *Second Life Toys* trata de um assunto importante: a doação de órgãos. E faz isso de forma lúdica, "transplantando" em bichinhos de brinquedo. Os japoneses que querem doar um animal para salvar outro ou aqueles que precisam de ajuda com seu bichinho podem se inscrever pelo *site*. A esperança é que, através dessa iniciativa, as pessoas ganhem uma compreensão maior sobre o transplante de órgãos, que ajuda milhares de pessoas a ter uma nova vida.

Débora Zanelato. Transplante para um brinquedo. **Vida Simples.com**, São Paulo, Editora Caras S.A., 5 jun. 2017. Disponível em: <http://vidasimples.uol.com.br/noticias/compartilhe/transplante-para-um-brinquedo.phtml#.WZWwyxXyvlW>. Acesso em: 22 ago. 2017.

Uma notícia pode apresentar um pequeno texto logo após o título, é o **subtítulo**.

A. Sublinhe na notícia acima o texto que corresponde ao subtítulo.

B. Qual é a função do subtítulo em uma notícia? Assinale.

◯ Complementa o título, oferecendo ou apresentando novas informações à notícia.

◯ Apresenta a opinião do autor sobre o que será noticiado.

12. Agora, observe atentamente a imagem a seguir. Imaginando que você vai escrever uma notícia sobre o fato retratado, crie um título e um subtítulo para ela.

_____

_____

_____

_____

_____

_____

13. A notícia é um texto jornalístico. Volte às páginas anteriores e observe em quais veículos de comunicação as notícias estudadas foram publicadas.

Agora, assinale em que outros meios de comunicação as notícias podem ser veiculadas.

◯ rádio ◯ livro ◯ enciclopédia ◯ telejornal

◯ revista impressa ou digital ◯ jornal impresso ou digital

PRODUÇÃO ESCREVENDO UMA NOTÍCIA

Neste capítulo, você leu algumas notícias e estudou as principais características desse gênero jornalístico.

Agora, é você que vai fazer o papel de um jornalista.

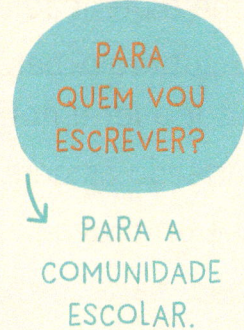

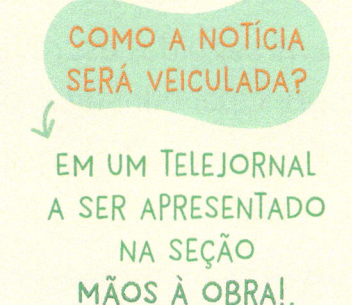

- O QUE VOU ESCREVER? → UMA NOTÍCIA.
- PARA QUEM VOU ESCREVER? → PARA A COMUNIDADE ESCOLAR.
- COMO A NOTÍCIA SERÁ VEICULADA? → EM UM TELEJORNAL A SER APRESENTADO NA SEÇÃO MÃOS À OBRA!.

PLANEJANDO

Veja algumas orientações para ajudar no planejamento do seu texto.

- Escolha um tema de sua preferência para escrever a notícia. Pode ser relacionado, por exemplo, a:

  SAÚDE   ESPORTE   EDUCAÇÃO   DIVERSÃO

- Escolhido o tema, você deverá escrever a notícia com base nas seguintes questões:

  - QUAL É O FATO QUE VOCÊ VAI NOTICIAR?
  - ONDE ACONTECEU ESSE FATO?
  - COM QUEM ACONTECEU O FATO?
  - POR QUE ACONTECEU?
  - COMO ACONTECEU?
  - QUANDO ACONTECEU?

- Pense no título da notícia e nas informações do subtítulo.
- Pesquise imagens que possam compor a notícia. Lembre-se de que a imagem ajuda a dar veracidade aos fatos.

PRODUZINDO A NOTÍCIA

Chegou o momento de escrever a notícia. Para isso, siga algumas dicas.

- Utilize as páginas 57 e 58 para escrever o rascunho da sua notícia.
- Crie um título que chame a atenção do leitor.
- Em seguida, escreva o subtítulo para complementar o título principal e instigar o leitor a ler a notícia completa.
- Escreva a notícia respondendo às perguntas da página anterior.
- Utilize o registro formal e empregue as palavras corretamente.
- Ao final, insira as imagens para compor a notícia.

AVALIANDO A NOTÍCIA

Faça a revisão da notícia com base nas questões a seguir.

AVALIAÇÃO	SIM	NÃO
O TÍTULO É COERENTE COM A NOTÍCIA E CHAMA A ATENÇÃO DO LEITOR?		
O SUBTÍTULO COMPLEMENTA O TÍTULO DA NOTÍCIA?		
A NOTÍCIA RESPONDE ÀS QUESTÕES: O QUÊ?, QUEM?, QUANDO? ONDE?, COMO? E POR QUÊ? OU PARA QUÊ?		
FOI EMPREGADO O TEMPO PRESENTE TANTO NO TÍTULO QUANTO NA NOTÍCIA?		
A NOTÍCIA APRESENTA IMAGENS PARA COMPLEMENTAR OS FATOS?		

Faça as correções necessárias e reescreva a notícia nas páginas reservadas à versão final. Depois, siga as orientações do professor para a apresentação do telejornal.

MÃOS À OBRA! NA SEÇÃO **MÃOS À OBRA!**, VOCÊ VAI APRESENTAR A NOTÍCIA EM UM TELEJORNAL DA TURMA.

RASCUNHO

VERSÃO FINAL

CAPÍTULO 4 — EXTRA! EXTRA!

LENDO

O texto que você vai ler é uma **reportagem**. Você já leu alguma reportagem ou já assistiu a alguma na TV? Sobre o que ela tratava?

Leia o título a seguir. Sobre o que você acha que a reportagem vai tratar? Você acha esse assunto interessante?

Vamos ler a reportagem para saber o que ela trata.

Crianças palpitam, mostram interesse e ajudam na cozinha

A cada dia, mais e mais crianças aqui no Brasil se interessam por aprender a cozinhar

postado em 03/10/2015 06:00 / atualizado em 03/10/2015 16:14
Gustavo Perucci

Topa trocar sua bola de futebol por uma panela? Ou a boneca por uma colher de pau? E deixar o *videogame* de lado para ficar na cozinha? Parece estranho, mas pode apostar que, a cada dia, mais e mais crianças aqui no Brasil se interessam por aprender a cozinhar.

Muitas vezes, o primeiro contato com a culinária é em casa. Pense no seu prato favorito. Quem faz? Pode ser a mãe, o pai, a avó... Aquele cheirinho bom vindo da cozinha na hora do almoço de domingo é inconfundível. Quer melhor incentivo para começar do que esse?

Foi assim com o estudante Alexandre Almeida, de 9 anos. O que despertou o interesse do garoto na cozinha foi uma das especialidades do pai: arroz na manteiga com picanha malpassada. Foi o paladar que fez nascer o interesse do Alexandre filho a acompanhar e ajudar o Alexandre pai no preparo da refeição. No começo do ano, durante as férias escolares, surgiu a oportunidade de o pequeno cozinheiro aprender suas primeiras receitas. "Um amigo me chamou para fazer o curso de culinária no Alma Chef. Aprendemos a fazer o filé à parmegiana, mini-hambúrguer e alfajor", conta o menino.

A família estimula o garoto, mas com limites. Alexandre já ajuda o pai a cortar certos ingredientes e sabe que não pode mexer no fogão. Ele não come de tudo, mas aceita provar "se a cara estiver boa".

O primeiro curso de culinária já rendeu ao estudante sua primeira publicação. Os minicheesebúrgueres dele foram parar no livro de receitas que o seu colégio editou como presente dos estudantes para o Dia das Mães. Alexandre calcula que, com uns 14 ou 15 anos, já vá saber um monte de receitas. "Quando crescer, quero aprender a fazer arroz, tipo arroz na manteiga, com picanha...", vislumbra o pequeno aprendiz, que garante não querer fazer muitos cursos, pois vai ser orientado pelo "melhor cozinheiro do mundo", seu pai. Ah, só para não fazer nenhuma injustiça: Alexandre também falou que adora e quer aprender a fazer o estrogonofe da mãe!

Herança italiana

Helena Teixeira Marinho também começou a se interessar por cozinha por influência familiar. Os responsáveis por despertar a vontade de cozinhar na estudante de 9 anos foram o avô e a mãe. Ela diz que todo mundo cozinha em casa. "Menos o meu pai, que faz só churrasco", completa a menina.

Há dois anos, ela participa do curso extracurricular Mini Chef, parceria entre a Nutriarte Educação Nutricional e a Escola Lúcia Casassanta, e já aprendeu várias receitas. [...] Além das receitas, as crianças aprendem noções de higiene, preparo dos alimentos e cuidados na hora de usar os utensílios.

"Gosto de fazer bolo, brigadeiro e estrogonofe. Uma das minhas receitas favoritas é a do bolo arco-íris, para o qual faço camadas com cores diferentes. Quando coloco a cobertura e corto uma fatia, fica superbonito", conta, orgulhosa. O avô, que foi o primeiro a deixá-la começar a ajudar na cozinha, já está dando mais tarefas para a estudante. Ela sabe bem os limites e afirma que não prepara nenhuma receita sem a supervisão dos pais ou avós. "Prefiro aprender a fazer comida mais simples".

[...]

Cuidados na cozinha

Cozinhar é muito divertido. Mas é preciso tomar uma série de cuidados antes de encarar a cozinha. E esses cuidados vão desde a hora de lavar as mãos até saber quando pedir a ajuda de um adulto. Utilizar os utensílios corretamente e não ir para o fogão sem a permissão e supervisão dos pais é muito importante. Facas, tesouras, abridores de lata, fogo, panelas e eletrodomésticos. Vários utensílios e recursos para fazer comida são perigosos. Mas não desanime! Como tudo na vida, é bom começar devagar, aprender com calma e, ao ganhar experiência, ter mais liberdade e confiança dos pais. E, enquanto você não tem autonomia para mexer com facas afiadas e o fogão, não fique com vergonha! Pode pedir para um adulto ajudar ou ensinar a você.

[...]

Dicas

- Nunca vá para a cozinha sem supervisão e permissão de um adulto!
- Não tenha medo de provar alimentos.
- Comece com calma e sempre pelas receitas mais simples.
- Estude. Cada alimento tem sua origem, história e maneira de ser preparado.
- Além da teoria, é bom praticar bastante.
- Cuidado com o desperdício.
- Escreva um caderno de receitas.
- No começo, é muito comum errar. Não desanime!

Gustavo Perucci/EM/D.A Press. **Crianças palpitam, mostram interesse e ajudam na cozinha**. Disponível em: <www.em.com.br/app/noticia/guri/2015/10/03/interna_guri,693710/receita-de-mini-cheeseburguer-do-ale.shtml>. Acesso em: 19 ago. 2017.

COMPREENDENDO O TEXTO

1. A sua opinião sobre o que a reportagem ia tratar estava correta? Explique.

2. Em uma reportagem, as informações têm a intenção de chamar a atenção do leitor, despertar sua curiosidade para a leitura. Qual informação da reportagem lida mais chamou sua atenção? Por quê?

3. De acordo com a reportagem, muitas vezes, o primeiro contato com a culinária ocorre em casa.

  A. As crianças citadas no texto tiveram influência de quem para começar a gostar de cozinhar?

  B. Em sua família, há alguma pessoa que se destaca por cozinhar bem ou gostar de cozinhar? Quem?

  C. Qual é o seu prato favorito? Quem o prepara?

4. Releia o seguinte trecho da reportagem:

> "Quando crescer, quero aprender a fazer arroz, tipo arroz na manteiga, com picanha...", vislumbra o pequeno aprendiz, que garante não querer fazer muitos cursos, pois vai ser orientado pelo "melhor cozinheiro do mundo", seu pai.

Nesse trecho, aparecem dois momentos destacados por aspas. Relacione a função das aspas indicadas a seguir aos trechos.

  I Destacam a fala da pessoa (o menino).

  II Destacam uma expressão para dar ênfase a ela.

  ○ "melhor cozinheiro do mundo"

  ○ "Quando crescer, quero aprender a fazer arroz, tipo arroz na manteiga, com picanha..."

5. Com que objetivo essa reportagem foi publicada?

○ Para divulgar informações sobre como as crianças devem preparar determinados alimentos.

○ Para divulgar informações sobre o aumento no número de crianças que têm se dedicado à culinária e como e por quem elas são influenciadas.

ESTUDANDO A REPORTAGEM

1. As informações divulgadas pela reportagem são reais ou fictícias, isto é, criadas pela imaginação? Justifique sua resposta.

_____

_____

2. A reportagem é um texto jornalístico. Por meio dela, é possível divulgar assuntos que despertem o interesse de um grande número de pessoas.

   A. Em qual veículo de comunicação a reportagem lida foi publicada?

   _____

   B. Em quais outros veículos as reportagens podem ser divulgadas? Assinale.

   ○ jornal impresso   ○ lista telefônica

   ○ telejornal   ○ rádio

   ○ revista de HQ   ○ revista digital

   ○ livro   ○ enciclopédia

   ○ revista impressa

3. Em geral, a reportagem traz:

> • opiniões.
>
> • entrevistas.
>
> • depoimentos de pessoas envolvidas com o fato.
>
> • depoimentos de especialistas no assunto.

A. Qual desses elementos aparece na reportagem lida? Pinte.

B. Sublinhe na reportagem dois trechos que confirmem a sua resposta da atividade anterior.

C. Com que objetivo esse recurso é empregado em reportagens? Assinale.

○ Para mostrar que as reportagens são escritas em primeira pessoa.

○ Para dar maior credibilidade ao que está sendo divulgado.

4. Uma reportagem geralmente apresenta o nome do autor, isto é, do jornalista que a escreveu.

A. Sublinhe a seguir quem escreveu a reportagem "Crianças palpitam, mostram interesse e ajudam na cozinha".

postado em 03/10/2015 06:00 / atualizado em 03/10/2015 16:14
Gustavo Perucci

B. Junto ao nome do jornalista podem aparecer outras informações como as apresentadas acima. O que essas informações indicam?

_____

_____

5. Leia estas outras informações retiradas de reportagens.

A

Seu animal de estimação pode doar sangue e salvar vidas

Os animais também podem precisar de uma doação

Dariele Gomes
28/05/2016 18:27

Disponível em: <www.jornalnh.com.br>. Acesso em: 17 ago. 2017.

B

Crianças contam sobre as suas curiosas coleções

06/03/17 Daniela Jacinto daniela.jacinto@jcruzeiro.com.br

Disponível em: <www.jornalcruzeiro.com.br>. Acesso em: 1º ago. 2017.

A. Nesses textos, há outras informações comumente encontradas junto ao nome de quem escreve a reportagem. Explique o que essas informações significam.

_____
_____
_____

B. Assim como na notícia, a reportagem também pode apresentar um subtítulo. Copie o subtítulo do texto **A**.

_____
_____

C. Contorne os títulos das reportagens.

6. Agora, leia outra reportagem.

'Cápsula do tempo' é achada durante escavação de obra, em Goiânia

Garrafão de vidro tinha cartas, documentos e dinheiro colocados há 56 anos. Responsáveis por enterrar lembranças falam sobre a época: 'Nostalgia'.

Do G1 GO

Um garrafão de vidro cheio de cartas, documentos e até dinheiro, foi encontrado durante as escavações para a construção de um prédio no Setor Coimbra, em Goiânia. A "cápsula do tempo" foi enterrada por um grupo de amigos há 56 anos, na época da inauguração do "Goiânia Tênis Clube", que funcionava no mesmo local, mas foi demolido anos depois.

Após a descoberta, um dos responsáveis pelas lembranças, o aposentado Dirceu Neves Matias, de 78 anos, analisou o conteúdo do garrafão e contou que foi seu irmão mais velho, Perceu Matias, de 83, quem teve a ideia. Segundo o idoso, junto com alguns amigos, eles enterraram o garrafão de vinho com as mensagens e oito cruzeiros a três metros de profundidade, no dia da inauguração da pedra fundamental do estabelecimento.

"Tudo isso me traz um pouco de nostalgia. Principalmente levando em conta que o Goiânia Tênis Clube foi demolido, mas nos toca o coração. Nada é eterno, nós vamos estar sempre preparados para as surpresas que o destino nos reserva", afirmou Matias.

Relendo um trecho da carta que ele mesmo datilografou e colocou na garrafa, Dirceu reviveu os tempos do passado, mas destacou que muitos detalhes não eram tão diferentes da atualidade.

"Na época do lançamento da pedra fundamental do Goiânia Tênis Clube, nessa Vila Coimbra, o feijão estava sendo vendido a 40 cruzeiros o quilo. Tudo estava pelo preço da cara", escreveu ele na carta.

Já o idealizador da "cápsula do tempo", Perceu Matias, também teve a oportunidade de rever os documentos guardados. Ele se emocionou ao recordar a data. "Nós temos muita saudade. Nos conduz ao passado", afirmou.

Descoberta

A "cápsula do tempo" foi encontrada durante uma escavação para a construção de um novo prédio. O engenheiro civil Washington de Oliveira contou que uma máquina acabou quebrando o garrafão, mas foi possível encontrar alguns dos objetos guardados. "No momento a gente não sabia do que se tratava, a gente viu que era algo de alguns anos atrás colocado nesse local. A máquina [escavadeira] é pesada, então na hora de pegar ela quebrou o garrafão. Nisso, vimos que alguns papéis misturaram", contou.

A construtora responsável pela obra conseguiu recuperar os papéis e identificou algumas das pessoas que enterraram as lembranças, entregando a elas as memórias ali guardadas.

TV Anhanguera 'Cápsula do tempo' é achada durante escavação de obra, em Goiânia. **G1 GO**. Disponível em: <http://g1.globo.com/goias/noticia/2016/06/capsula-do-tempo-e-achada-durante-escavacao-de-obra-em-goiania.html>. Acesso em: 19 ago. 2017.

A. Uma reportagem trata das informações sobre um assunto de forma mais detalhada que a notícia. Por isso, o texto da reportagem costuma ser mais longo e é dividido em partes: os **intertítulos**. Contorne o intertítulo na reportagem.

B. Uma reportagem geralmente é acompanhada de recursos visuais, como fotografias, ilustrações, gráficos, infográficos etc. Que tipo de recurso foi empregado nessa reportagem?

_____

_____

7. Uma reportagem geralmente apresenta informações que respondem às seguintes perguntas: QUEM?, O QUÊ?, ONDE?, QUANDO?, COMO? e POR QUÊ? ou PARA QUÊ?.

Leia o trecho de uma reportagem e identifique os trechos que respondem a essas perguntas.

Menino com síndrome de Down faz campanha para ajudar quem tem câncer

Kaique José, 22, começou a juntar lacres de latinhas para vender e tentar comprar perucas

Desde quando era criança, Kaique José, 22, sempre gostou de ajudar as pessoas. Nascido com síndrome de Down, o jovem vai muito além das superações da própria doença. Recentemente ele criou uma campanha para ajudar pessoas com câncer em Belo Horizonte. O menino quer conseguir comprar perucas para quem faz quimioterapia e precisou raspar o cabelo.

"Tudo começou quando meu irmão começou a juntar lacres de latinha para trocar por uma cadeira de rodas para o amigo dele, o Bryan, que também tinha síndrome de Down, e por algum motivo precisou da cadeira, mas acabou que o amigo dele morreu e o Kaique ficou sem saber o que fazer com os lacres", contou a irmã dele Lays Leão. [...]

Natália Oliveira. Menino com síndrome de Down faz campanha para ajudar quem tem câncer. Disponível em: <www.otempo.com.br/cidades/menino-com-s%C3%ADndrome-de-down-faz-campanha-para-ajudar-quem-tem-c%C3%A2ncer-1.1425819>. Acesso em: 1º ago. 2017.

PRODUÇÃO ESCREVENDO UMA REPORTAGEM

Neste capítulo, você leu algumas reportagens e aprendeu sobre as características desse gênero que, assim como a notícia, também é jornalístico.

Agora, você vai se juntar a dois colegas e investigar mais sobre um assunto da preferência de vocês para produzir uma reportagem.

O QUE VAMOS ESCREVER?
UMA REPORTAGEM.

PARA QUEM VAMOS ESCREVER?
PARA A COMUNIDADE ESCOLAR.

COMO A REPORTAGEM SERÁ VEICULADA?
EM UM TELEJORNAL A SER APRESENTADO NA SEÇÃO MÃOS À OBRA!.

PLANEJANDO

- Em grupo, escolham um tema para a reportagem. Vocês podem escrever, por exemplo, sobre:

  - LANCHE SAUDÁVEL NO RECREIO ESCOLAR
  - BRINCADEIRAS TÍPICAS DE REGIÕES DO BRASIL
  - ALIMENTAÇÃO SAUDÁVEL
  - COLETA SELETIVA DE LIXO NA SUA CIDADE

- Pensem nas informações que farão parte da reportagem, que responderão às seguintes questões:

  - O QUÊ?
  - QUEM?
  - COMO?
  - ONDE?
  - QUANDO?
  - POR QUÊ? OU PARA QUÊ?

- Para o planejamento da reportagem, dividam as tarefas entre os componentes do grupo. Um aluno será responsável pela pesquisa, outro, por coletar falas ou depoimentos sobre o tema e outro, por pesquisar imagens ou tirar fotografias para compor a reportagem.

PRODUZINDO A REPORTAGEM

Agora, vocês vão escrever a reportagem. Leiam algumas orientações e escrevam o rascunho nas páginas **73** e **74**.

- Lembrem-se de que o título deve chamar a atenção dos leitores.
- Escrevam a reportagem respondendo às questões: QUEM?, O QUÊ?, ONDE?, QUANDO?, COMO? e POR QUÊ? ou PARA QUÊ?.
- Organizem os parágrafos da reportagem utilizando intertítulos.
- Empreguem o registro formal, usando aspas para indicar as falas ou depoimentos que vocês coletaram, atentando-se para o emprego correto das palavras e da pontuação.
- Complementem o texto com as imagens que vocês registraram ou pesquisaram.

AVALIANDO A REPORTAGEM

Avaliem a reportagem com base nas questões a seguir.

AVALIAÇÃO	SIM	NÃO
A REPORTAGEM APRESENTA RESPOSTAS ÀS QUESTÕES QUEM?, O QUÊ?, ONDE?, QUANDO?, COMO? E POR QUÊ? OU PARA QUÊ?		
A REPORTAGEM APRESENTA INTERTÍTULOS?		
FOI EMPREGADO O REGISTRO FORMAL E INSERIDAS AS ASPAS NOS DEPOIMENTOS?		
AS IMAGENS COMPLEMENTAM O ASSUNTO DA REPORTAGEM?		

Após a avaliação, façam as correções necessárias e reescrevam a reportagem nas páginas reservadas à versão final. Em seguida, sigam as orientações do professor para a apresentação do telejornal.

MÃOS À OBRA! NA SEÇÃO **MÃOS À OBRA!**, VOCÊS VÃO APRESENTAR A REPORTAGEM EM UM **TELEJORNAL DA TURMA**.

RASCUNHO

VERSÃO FINAL

MÃOS À OBRA!

TELEJORNAL DA TURMA

Chegou a hora de você e seus colegas apresentarem os textos que produziram nesta unidade no **Telejornal da turma**.

Vamos convidar a comunidade escolar para assistir ao **Telejornal da turma** e iniciar os preparativos para esse evento.

1ª ETAPA

PREPARAÇÃO DOS TEXTOS

- O professor entregará as produções da unidade para que a turma releia e verifique a necessidade de algum ajuste.
- Escolha qual texto você vai apresentar no telejornal: a notícia ou a reportagem que redigiu com alguns colegas.

2ª ETAPA

PRODUZINDO OS CONVITES

Com o auxílio do professor, a turma deverá criar os convites para enviar às pessoas da comunidade escolar, a fim de convidá-las para serem os telespectadores do **Telejornal da turma**.

Para isso, usem cartolina, lápis de cores diferentes, adesivos para colar e enfeitar o convite.

Vocês podem fazer o desenho de uma televisão e usá-lo como molde para produzir os convites, como o exemplo abaixo.

A TURMA DO 5º ANO CONVIDA VOCÊ PARA ASSISTIR AO TELEJORNAL DA TURMA.

DIA _____, ÀS _____ HORAS,

NA ESCOLA _____.

3ª ETAPA

Nesta etapa, o professor orientará a turma na organização dos preparativos para a apresentação do telejornal.

A turma será dividida em três grupos de trabalho, a fim de que todos possam participar.

ORGANIZANDO O ROTEIRO DO TELEJORNAL

> A apresentação pode ser realizada por ordem alfabética de nome de autor ou de título da notícia ou reportagem.

GRUPO 1

Ficará responsável por fazer um roteiro para os apresentadores com base nas produções da unidade. Este grupo deverá:

- separar e organizar as notícias e as reportagens;
- indicar a sequência em que as notícias e reportagens serão apresentadas;
- estipular o tempo de apresentação de cada notícia e reportagem.

GRUPO 2

Ficará responsável pela organização do cenário e deverá:

- verificar com o professor um local adequado na escola para a montagem do cenário: pode ser no pátio, no ginásio ou em uma sala grande;
- criar o cenário de um telejornal, simulando uma bancada ou colocando uma mesa com duas cadeiras para os apresentadores;
- organizar cadeiras para os convidados assistirem ao telejornal.

GRUPO 3

Ficará responsável pelos figurinos dos apresentadores e por conseguir objetos para compor o cenário, entre eles, os microfones.

4ª ETAPA

PREPARANDO-SE PARA A APRESENTAÇÃO

Sob a orientação do professor, a turma vai definir quem serão os dois jornalistas que farão a apresentação das notícias e reportagens.

Para auxiliar nessa apresentação, é importante assistir a um telejornal para ver como é a função dos jornalistas e dos repórteres.

DIA DA APRESENTAÇÃO

No dia marcado, fiquem próximos aos colegas que vão apresentar o telejornal, a fim de auxiliá-los, caso necessitem.

O professor fará uma introdução explicando o objetivo e o desenvolvimento da atividade aos convidados. Os alunos que farão o papel de repórteres devem aguardar o momento em que se apresentarão.

Os apresentadores devem usar o figurino escolhido e se acomodar na bancada montada como cenário. Se necessário, podem usar anotações para ajudá-los no momento da apresentação.

AVALIAÇÃO

Após a apresentação, com a ajuda do professor, conversem sobre como foi a realização da atividade, as tarefas de cada grupo e a impressão dos telespectadores sobre o telejornal.

Façam também uma avaliação individual, por exemplo, verificando se:

- todos auxiliaram na organização e na preparação do evento;
- cada um conseguiu desenvolver bem as tarefas determinadas.

UNIDADE

3 EU RESPEITO, E VOCÊ?

Nesta unidade, você vai estudar as principais características dos gêneros **artigo de opinião** e **carta de leitor**. Depois, vai produzir um artigo de opinião e uma carta de leitor.

BOM TRABALHO!

A O que as crianças retratadas na imagem estão fazendo? Com base na expressão dessas crianças, qual seria o sentimento delas?

B As crianças da imagem possuem características físicas diferentes. Em sua opinião, as diferenças interferem na hora de brincar?

C Nem sempre as diferenças são respeitadas e isso acaba gerando atitudes desrespeitosas, inadequadas, como o *bullying*. O que você pensa a respeito desse assunto?

CAPÍTULO 5 — RESPEITO E BOA CONVIVÊNCIA

LENDO

O texto a seguir é um **artigo de opinião**. Leia o título dele e responda: Por que você acha que isso acontece? O que devemos fazer em uma situação como essa?

Este texto apresenta a opinião de uma pessoa sobre o assunto citado no título. Vamos ler para saber o que ela pensa a esse respeito.

Por que "tirar sarro" do diferente?

Está na hora de jogar as brincadeiras de mau gosto no lixo.

O João tem oito anos e quer saber por que algumas crianças "tiram sarro" e irritam quem elas acham que é diferente.

Não é só o João que precisa entender isso. A Larissa, o Pedro, a Maria Eduarda, o Guilherme e muitas outras crianças que já foram provocadas também querem saber por que isso acontece.

Algumas receberam apelidos dos quais não gostaram; outras viram seus colegas "tirando sarro" delas e se sentiram humilhadas; e ainda há crianças que nem entenderam por que viraram motivo de piada, ficaram tristes e, sozinhas, choraram em algum canto.

Por que elas são diferentes, na visão dos colegas? Algumas porque usam óculos, outras porque são um pouco desajeitadas ou com mais peso, algumas não conseguem jogar futebol como as outras, e muitas porque não usam o mesmo tênis ou roupa que os colegas, por exemplo.

Sabe o que acham as crianças que colocam os apelidos, tiram sarro e irritam as outras? Elas pensam que isso não é nada de mais, que é só uma brincadeira de mau gosto. Elas nem se dão conta de que magoam muito os colegas.

Brincadeira é uma coisa boa, que dá sensação de gostosura. Essa palavra não combina com mau gosto. Não mesmo! Então, que tal jogar no lixo essa expressão "brincadeira de mau gosto"? Vai fazer um bem danado a todo mundo.

Ninguém é igual a ninguém. Todo mundo tem alguma diferença — e isso é o que dá graça ao mundo.

Já pensou como seria chato se todos fossem iguaizinhos, se comportassem e pensassem do mesmo modo? Diferença não é defeito, e o normal não é ser igual aos outros.

As crianças que sofrem provocação precisam de ajuda. Se você passa por isso ou vê um colega passar, peça ajuda a um adulto.

E quem provoca também precisa de ajuda. Afinal, quem gosta de conviver com um colega que age assim?

Rosely Sayão. Por que "tirar sarro" do diferente? **Folha de S.Paulo**, São Paulo, 29 mar. 2014. Folhinha, p. 6. Folhapress.

ROSELY SAYÃO

É uma psicóloga, consultora educacional e colunista da **Folha de S.Paulo**. Ela faz consultoria em escolas e empresas, falando sobre cidadania e educação de crianças e jovens.

COMPREENDENDO O TEXTO

1. O título do artigo é composto por um questionamento. Explique com que intenção esse questionamento foi feito.

2. Você já presenciou esse tipo de atitude? Como você se sentiu?

3. Como é o nome dado ao ato de "tirar sarro" de outras pessoas?

4. De acordo com o texto, algumas crianças são consideradas diferentes por outras. Sublinhe no artigo o trecho em que a autora indica os motivos desse comportamento.

5. Segundo o artigo de opinião, a pessoa que sofre *bullying* precisa de ajuda. Por que isso é importante?

_____
_____
_____

6. No texto, é dito que as pessoas que praticam *bullying* também precisam de ajuda. Que ajuda essas pessoas precisam e por quê?

_____
_____
_____

ATITUDE CIDADÃ

Você já observou como trata seus colegas? Será que mesmo sem querer ou por brincadeira já ofendeu ou magoou alguém? Você não precisa gostar de todos, mas deve respeito a cada um. Respeite para ser respeitado. Em vez de "tirar sarro" achando que é brincadeira, trate o outro como gostaria de ser tratado.

ESTUDANDO O ARTIGO DE OPINIÃO

1. Em qual veículo de comunicação o texto lido foi publicado?

   _____

2. Em que outros veículos textos como esse podem ser publicados?

   _____

3. Com base no texto lido, assinale com que objetivo um texto de opinião é escrito.

   ○ Para informar sobre um assunto qualquer.

   ○ Ensinar as regras de brincadeiras de crianças.

   ○ Apresentar uma opinião sobre um assunto importante de modo a convencer os leitores sobre um ponto de vista.

4. O artigo de opinião "Por que 'tirar sarro' do diferente?" foi publicado por uma autora.

   A. Como é o nome da autora do artigo?

   _____

   B. Os artigos de opinião são escritos por especialistas no assunto. A autora é especialista em que área?

   _____

5. Geralmente, um artigo de opinião inicia apresentando o ponto de vista do autor sobre o assunto que será tratado e, com base nisso, o texto é desenvolvido. Qual é o ponto de vista de Rosely Sayão sobre o assunto que ela trata?

_____

6. Sublinhe o ponto de vista dos autores dos textos a seguir.

A

Porque as crianças podem ler livros "adultos"

A adoção de faixas etárias para indicar os leitores de um determinado livro, além de promover uma nivelação que pode ser injusta, reduz e limita a vida e a abrangência dos livros.

Até hoje me lembro da capa do livro. Inocência, de Visconde de Taunay. Eu tinha não mais que 9 anos, mas peguei o livro na biblioteca atraída pela capa e pelo título. [...]. Depois dele vieram muitos outros e alguns da saudosa coleção vagalume. [...]

Cristiane Souza. Porque as crianças podem ler livros "adultos". **Gazeta do Povo**, Curitiba, 15 jul. 2017. Artigos. Disponível em: <www.gazetadopovo.com.br/opiniao/artigos/porque-as-criancas-podem-ler-livros-adultos-e56mhouj0ea34ust2wwgthqmy>. Acesso em: 3 ago. 2017.

B

A voz das crianças

Por que as crianças não podem ser ouvidas sobre os problemas que enfrentam na escola?

[...] As crianças passaram a formar um grupo de grande importância social. Algum tempo atrás, sua opinião sequer era considerada. Hoje, elas são protagonistas. Um dos motivos para que essa mudança tenha ocorrido é que elas tornaram-se consumidoras e passaram a ter poder de influência no consumo de seus pais. [...]

Thaís Furtado. A voz das crianças. **Zero Hora**, Porto Alegre, 8 jul. 2017. Artigos. Disponível em: <http://zh.clicrbs.com.br/rs/opiniao/noticia/2017/07/thais-furtado-a-voz-das-criancas-9835710.html>. Acesso em: 1º ago. 2017.

7. Como o próprio nome diz, o artigo de opinião apresenta uma opinião, o ponto de vista, de uma pessoa sobre um assunto ou um fato polêmico. Mas qual é a diferença entre um fato e uma opinião? Leia.

- **fato**: informa um acontecimento, algo que existe independente de quem escreve.
- **opinião**: é a apresentação de um ponto de vista particular, pessoal, a forma que uma pessoa vê e interpreta o fato.

A. Leia as alternativas a seguir e anote:

- **I** para o fato que deu origem ao artigo de Rosely Sayão.

- **II** para a opinião da autora Rosely Sayão sobre o assunto.

- ( ) Não devemos "tirar sarro" de quem é diferente. A diferença é normal, pois todas as pessoas são diferentes umas das outras. Tanto as crianças que são alvo do sarro quanto as que provocam precisam de ajuda.

- ( ) Há pessoas que tiram sarro de outras por apresentarem algumas características "diferentes" das demais.

B. Leia o fato a seguir. Escreva uma breve opinião sobre o que você pensa sobre o assunto.

: As crianças devem ter perfis em redes sociais. :

_____

_____

_____

_____

8. Ao expor uma opinião, o autor precisa defender seu ponto de vista, comprovar o que diz para convencer o leitor. Para isso, utiliza **argumentos**. Releia este trecho do artigo "Por que 'tirar sarro' do diferente?".

> Ninguém é igual a ninguém. Todo mundo tem alguma diferença — e isso é o que dá graça ao mundo.
>
> Já pensou como seria chato se todos fossem iguaizinhos, se comportassem e pensassem do mesmo modo? Diferença não é defeito, e o normal não é ser igual aos outros.

A. Qual é o fato apresentado por Rosely Sayão nesse trecho?

_____

_____

B. Sublinhe nesse trecho os argumentos que ela usa.

C. Leia, a seguir, um trecho de um artigo de opinião em que o autor fala sobre o consumismo e as propagandas.

> [...]
>
> Certamente, sem a propaganda, o conhecimento dos produtos e seu consumo não aconteceriam.
>
> A briga pelo dinheiro do consumidor é muito grande. É uma verdadeira guerra, quase um vale-tudo.
>
> Na linha de frente, estão os comerciais veiculados pela televisão, seguidos por *outdoors* espalhados pela cidade, por anúncios de rádio e por folhetos distribuídos nas ruas.
>
> Crianças e jovens, principalmente, são o alvo mais visado pela propaganda. [...]

Edson Gabriel Garcia. Propaganda e consumo. Em: Edson Gabriel Garcia. **No mundo do consumo:** a administração das necessidades e dos desejos. São Paulo: FTD, 2001. p. 23.

Em qual parágrafo, o autor expõe um argumento para comprovar que a briga pelo dinheiro do consumidor é muito grande?

_____

9. Em geral, um artigo de opinião é organizado em três partes.

Ponto de vista: momento em que o autor introduz o assunto e apresenta seu ponto de vista.

Justificativa: exposição dos argumentos que justificam o ponto de vista do autor.

Conclusão: conclusão das ideias expostas. Nessa última parte, geralmente, o autor confirma seu ponto de vista.

Leia todo o artigo de opinião a seguir. Depois, enumere os parágrafos do texto indicando a qual dessas partes se refere cada um deles.

1 PONTO DE VISTA   **2 JUSTIFICATIVA**   **3 CONCLUSÃO**

Youtubers e tecnologias. A inovação é legal!

[...]

A cada ano que passa, a tecnologia vai ficando mais e mais envolvida com o dia a dia das pessoas. As mídias sociais são um exemplo disso. Aplicativos como Facebook, Instagram, Snapchat são exemplos de mídias sociais. Mas hoje eu quero falar especificamente sobre uma dessas plataformas, o "YouTube".

O YouTube passou a ser a ferramenta de trabalho de muitas pessoas. Na verdade, em alguns casos, tornou-se não só o trabalho delas, mas a sua principal forma de ganhar a vida. Se seu canal é muito grande e conhecido, patrocinadores vão querer assinar um contrato com você.

No YouTube, a pessoa cria uma página em que posta vídeos sobre o assunto que quiser, dependendo do seu interesse. Os conteúdos vão desde esportes a notícias e maquiagem. Um dos motivos pelos quais todo mundo gosta do YouTube é justamente porque dá para assistir de tudo lá!

Há várias categorias de "youtubers", como são chamadas as pessoas que produzem vídeos para a plataforma. Os "blogueiros", por exemplo, filmam eles próprios em todas as suas atividades diárias. Um que eu gosto se chama "Tanner Braungardt". Ele só tinha dezesseis anos de idade quando começou a blogar e, em dois anos, já acumulou dois milhões de inscritos em seu canal. O que ele faz diferente dos outros é que ele sabe como divertir os fãs. Para se ter uma ideia, em alguns vídeos, ele aparece pulando em um trampolim que tem dentro de casa.

Outra categoria no YouTube são os "gamers". Esses youtubers filmam eles mesmos jogando *videogame* e comentam cada lance.

Na área que eu mais gosto, esportes, o que diferencia os youtubers dos artigos de jornais e comentaristas na TV é que os vídeos são mais interativos. A verdade é que os blogueiros do YouTube têm mais liberdade, podem falar o que quiserem nos vídeos do canal. Aí é que você percebe que no jornal e na TV você não pode dar a sua opinião — você transmite notícias.

O YouTube é uma plataforma inovadora, mas certamente não é a única que existe e muitas outras vão provavelmente ser criadas.

Alex Steinger. Colunista mirim: Youtubers e tecnologias. A inovação é legal!. **Jornal Joca**, São Paulo, Editora Magia de Ler, 1º jun. 2017. Tecnologias. Disponível em: <https://jornaljoca.com.br/portal/colunista-mirim-youtubers-e-tecnologias-a-inovacao-e-legal/>. Acesso em: 7 ago. 2017.

10. Em um texto de opinião, o título é um elemento muito importante. Releia os títulos dos artigos trabalhados neste capítulo e assinale a alternativa que explica o objetivo dos títulos de textos de opinião.

- ( ) Apresenta o assunto, sugere o ponto de vista do autor e chama a atenção do leitor para a leitura do texto.

- ( ) Não esclarece o assunto, mas sugere o ponto de vista do autor.

PRODUÇÃO ESCREVENDO UM ARTIGO DE OPINIÃO

Neste capítulo, você estudou que o gênero artigo de opinião tem o objetivo de expor um ponto de vista sobre determinado tema.

Agora, é você quem vai expressar a sua opinião sobre o tema *bullying*.

- O QUE VOU ESCREVER? → UM ARTIGO DE OPINIÃO.
- SOBRE O QUE EU VOU ESCREVER? → POR QUE É IMPORTANTE ACABAR COM A PRÁTICA DO *BULLYING*?
- COMO O ARTIGO SERÁ VEICULADO? → EM UM MURAL PARA SER EXPOSTO À COMUNIDADE ESCOLAR.

PLANEJANDO

Para planejar o artigo de opinião, veja as orientações a seguir.

- Leia algumas formas mais frequentes de práticas do *bullying*.

APELIDAR:	QUANDO ALGUÉM APELIDA OUTRA PESSOA COM PALAVRAS DESAGRADÁVEIS, CONSTRANGENDO-A.
AGREDIR:	QUANDO ALGUÉM AGRIDE FISICAMENTE OUTRA PESSOA, DE FORMA A CONSTRANGÊ-LA E A INTIMIDÁ-LA.
DIFAMAR:	QUANDO ALGUÉM INVENTA MENTIRAS SOBRE OUTRA PESSOA PARA CRIAR UMA IMAGEM RUIM SOBRE ELA.
TOMAR/QUEBRAR PERTENCES:	QUANDO ALGUÉM PEGA/QUEBRA OS PERTENCES DE OUTRA PESSOA, DE MODO A INTIMIDÁ-LA.
EXCLUIR:	QUANDO ALGUÉM EXCLUI UM COLEGA, OU SEJA, DEIXA-O ISOLADO E O IGNORA.

- Pesquise mais informações sobre o tema em revistas, jornais, livros ou na internet, para fundamentar os seus argumentos.
- Anote as informações que você vai usar como argumento sobre o tema.

PRODUZINDO O ARTIGO DE OPINIÃO

Chegou o momento de escrever o seu artigo de opinião. Para isso, siga as dicas abaixo.

- Escreva o rascunho do seu artigo de opinião nas páginas 93 e 94.
- Inicie o artigo expondo o seu ponto de vista sobre a prática do *bullying*. Depois, apresente os seus argumentos para que o leitor entenda o seu posicionamento.
- Empregue a primeira pessoa do singular e utilize o registro formal, pois seu artigo será lido por outras pessoas. Preste atenção à escrita das palavras e à pontuação.

> Você pode utilizar expressões, como **na minha opinião, eu penso, eu acredito**, para esclarecer a sua opinião.

- Finalize o seu texto, apresentando uma conclusão para convencer o leitor sobre sua opinião, apontando ou retomando por que é importante acabar com a prática do *bullying*.
- Crie um título para o seu texto, lembrando-se de que ele já sugere a sua opinião.

AVALIANDO O ARTIGO DE OPINIÃO

Faça uma avaliação do seu artigo com base nas questões a seguir.

AVALIAÇÃO	SIM	NÃO
APRESENTEI MEU PONTO DE VISTA NO PRIMEIRO PARÁGRAFO?		
EMPREGUEI O REGISTRO FORMAL E UTILIZEI A PRIMEIRA PESSOA DO SINGULAR?		
DESENVOLVI O TEXTO EXPONDO BONS ARGUMENTOS PARA CONVENCER O LEITOR?		
CRIEI UM TÍTULO RELACIONADO AO TEMA DO ARTIGO?		

Faça as correções necessárias e reescreva o artigo nas páginas reservadas à versão final. Por fim, o professor dará as orientações para a montagem do mural e a exposição dos artigos de opinião da turma.

RASCUNHO

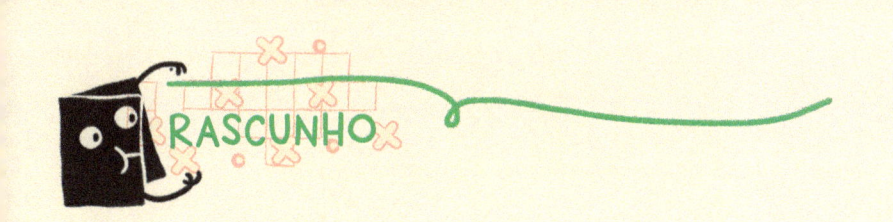

VERSÃO FINAL

CAPÍTULO 6 — EU TAMBÉM DIGO NÃO!

LENDO

O texto a seguir é uma **carta de leitor**. O que esse nome lembra a você? Sabe em que situações e para que a carta de leitor é usada?

Vamos ler para saber.

DE: lucas39@carvamail.com.br
PARA: leitores@jornalparajovens.com.br
CC:
ASSUNTO: Bullying

DATA: 20/03
HORA: 19:00

ENVIAR

Bullying

Meu nome é Lucas. Minha professora levou para a aula de português a matéria "O que fazer para ajudar alguém que sofre *bullying*?", que vocês publicaram na internet, no mês de agosto. Foi muito legal ler esse texto, porque eu tenho um amigo que sofria *bullying* na escola onde ele estuda e ficava com medo de contar para um adulto. Depois que a professora leu essa matéria, eu falei para ele contar para alguém e ele contou para os pais dele. Agora, os meninos mais velhos pararam de fazer *bullying* com ele.

Obrigado por ser um jornal que se preocupa em ajudar a resolver problemas como esse!

Lucas M. Jr., 9 anos
Cachoeiro de Itapemirim - Espírito Santo.

O QUE É O *BULLYING*

A palavra *bullying* é um termo de origem inglesa, proveniente de *bully* (valentão).

Ela é usada para fazer referência a atitudes agressivas, verbais ou físicas, que são repetidas e intencionais, gerando angústia ou sofrimento nas pessoas que são alvos delas.

Esse é um tipo de conflito possível de ocorrer em qualquer local de interação entre as pessoas, como na escola, em faculdades, no local de trabalho ou até mesmo entre vizinhos.

COMPREENDENDO O TEXTO

1. Quem escreveu a carta de leitor da página anterior?

2. Por que o autor da carta resolveu escrevê-la?

3. Para você, o que é possível fazer para ajudar alguém que sofre *bullying*?

4. O autor da carta diz que a professora levou para a aula de português uma **matéria**.

    Com que sentido a palavra em destaque foi empregada nesse contexto? Assinale.

    ○ Para fazer referência a uma disciplina ensinada na escola.

    ○ Para fazer referência a um texto jornalístico (notícia, reportagem etc.) publicado em um jornal.

5. Releia o trecho a seguir e observe a frase entre aspas.

> Minha professora levou para a aula de português a matéria "O que fazer para ajudar alguém que sofre *bullying*?"

Explique por que foram usadas as aspas para destacar essa frase.

_____

ATITUDE CIDADÃ

O *bullying* é uma forma de desrespeito ao próximo. Toda e qualquer forma de agressão deve ser contida.

Assim, é muito importante que todos nós ajudemos a acabar com essa prática. E isso pode ser feito de duas maneiras: não praticando atitudes que desrespeitem o outro e orientando as pessoas que praticam para que mudem seu comportamento.

ESTUDANDO A CARTA DE LEITOR

1. Lucas escreveu a **carta de leitor** com o objetivo de:

○ ensinar como escrever uma carta diferente de uma carta pessoal.

○ manifestar seu ponto de vista sobre uma matéria que leu.

2. Sublinhe, na página **97**, o trecho que comprova a resposta da atividade anterior.

3. Identifique a quem Lucas endereçou a sua carta de leitor.

_____

4. Agora, leia outra carta de leitor.

Amáveis bichinhos de estimação

Olá, pessoal da revista *Ciência e Lazer*. Eu me chamo Amanda e estudo no 5º ano. Gosto muito de ler as reportagens, notícias e tudo o mais que vocês publicam. Amei a matéria "Bichinhos de (muita) estimação", publicada em junho, sobre os animais de estimação, pois mostra a importância dos cuidados que eles precisam no dia a dia.

Gostaria de sugerir uma matéria sobre animais de estimação bem diferentes. Acho que muita gente vai gostar.

Espero também que essa minha carta seja publicada. Eu ia amar.

Abraços a todos.

Amanda Lopes, 11 anos
Goiânia – Goiás

A. Sublinhe, nessa carta, o destinatário dela.

B. A carta de leitor deve apresentar os seguintes elementos:

- **I** identificação do leitor e do local de onde escreve;
- **II** título ou assunto da matéria lida e a data ou número da edição do jornal ou revista em que foi publicada;
- **III** opinião do leitor (elogio, crítica, sugestão, reclamação);
- **IV** argumento justificando a opinião do leitor.

Escreva nos círculos os algarismos romanos correspondentes a cada parte da carta.

c. No final dessa carta, a leitora expressa outro objetivo da sua carta. Identifique-o e escreva a seguir.

___

5. As cartas de leitores apresentam argumentos que justificam as ideias expostas. Leia as cartas a seguir e sublinhe os argumentos que os autores usaram para justificar o ponto de vista que defendem.

Gripe A

Bem esclarecedor e importante o texto do secretário de educação Angelo Trindade (Gazeta, 11/08) sobre a decisão da Secretaria em prorrogar as férias escolares devido à ocorrência de casos de gripe suína. Creio que a decisão é muito importante para a prevenção do surgimento de novos casos. A saúde sempre deverá vir em primeiro lugar.

Sérgio Ribeiro, estudante

Porto Alegre – Rio Grande do Sul

Não concordo com o secretário de educação Angelo Trindade (Gazeta, 11/08) sobre a decisão da Secretaria em prorrogar as férias escolares por causa da gripe suína.

Para mim, o mais adequado seria que as aulas ocorressem normalmente e a escola trabalhasse esse assunto em sala, a fim de que as crianças conheçam melhor as causas, os sintomas e as formas de prevenção. A escola deve colocar em prática medidas preventivas, como dispor de álcool para higienização das mãos, a fim de mostrar ações simples e eficazes.

Márcia Linhares, professora

Porto Alegre – Rio Grande do Sul

6. É comum jornais e revistas, impressos ou digitais, terem um espaço (seção) para o leitor compartilhar suas impressões ou ideias sobre alguma matéria. Leia os títulos de seções a seguir e pinte os que se referem à seção onde são publicadas cartas de leitor.

Cartas	Cartas à Redação	Saúde	Painel do Leitor	Mural do Leitor
Espaço do Leitor	Cotidiano	Mundo	Cartas do Leitor	Esporte

PARA CONHECER MAIS

No livro **Por que somos de cores diferentes?**, de Carmen Gil, Editora Girafinha, você vai ver o que Marta e seus amigos pensam sobre essa questão. Durante um acampamento, eles aprendem algo muito interessante sobre esse aspecto da diversidade étnica.

O que pode acontecer a uma menina que é alvo de palavras maldosas dos colegas de escola? O livro **Bullying não é amor!**, de Silmara Rascalha Casadei, Cortez Editora, traz essa história. Leia-o para ver como se sente uma pessoa que passa por essa situação.

No filme **Khumba**, dirigido por Anthony Silverston, lançado em 2014, você vai conhecer uma zebra que tem listras apenas na metade do corpo. Por causa disso, passa a ser rejeitada pelo seu bando e sai à procura de um lendário buraco de água, que dizem ser o lugar onde as primeiras zebras ganharam suas listras.

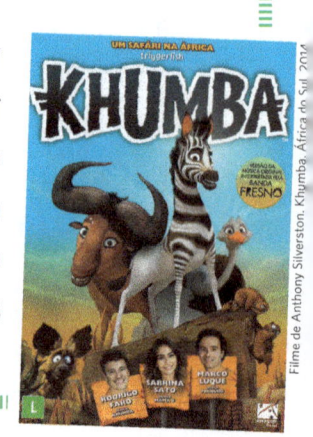

PRODUÇÃO — ESCREVENDO UMA CARTA DE LEITOR

Após estudar a carta de leitor e suas características, chegou o momento de você escrever uma carta e expor o seu ponto de vista sobre uma reportagem ou notícia.

O QUE VOU ESCREVER?
→ UMA CARTA DE LEITOR.

PARA QUE EU VOU ESCREVER?
→ PARA EMITIR MINHA OPINIÃO SOBRE UM ASSUNTO.

COMO A CARTA SERÁ VEICULADA?
→ NO JORNAL OU REVISTA ONDE A MATÉRIA FOI PUBLICADA.

PLANEJANDO

Planeje a carta de leitor com base nas orientações a seguir.

- Pesquise uma matéria de um jornal ou de uma revista (reportagem, notícia etc.), publicada recentemente.
- Leia a matéria escolhida e reflita sobre ela. Pense em aspectos como: se a publicação dela foi importante ou não, se esclareceu os leitores sobre o tema tratado, se é um assunto interessante de ser compartilhado e por quê.
- Se achar conveniente, converse com algum adulto (professor ou um familiar) sobre a matéria e troquem opiniões sobre ela.
- Anote as informações sobre o jornal ou revista (data e número de publicação, endereço, *e-mail*) e também as informações que vai usar como argumento.

PRODUZINDO A CARTA DE LEITOR

Agora, escreva a sua carta de leitor, seguindo as dicas abaixo.

- Escreva o rascunho da sua carta nas páginas **105** e **106**.
- Inicie a carta citando o título ou assunto da matéria.
- Indique onde a matéria foi lida e inclua a data ou o número da edição.
- Comente a sua opinião sobre o assunto veiculado na matéria. Depois, apresente os seus argumentos para que o leitor entenda o seu posicionamento.
- Empregue a primeira pessoa do singular e utilize o registro formal.
- Finalize o seu texto, anotando seu nome, idade e local de onde escreve.

Você pode utilizar expressões, como **na minha opinião, eu penso, eu acredito**, para esclarecer a sua opinião.

AVALIANDO A CARTA DE LEITOR

Faça uma avaliação da carta com base nas questões a seguir.

AVALIAÇÃO	SIM	NÃO
INSERI O TÍTULO OU ASSUNTO DA MATÉRIA?		
INDIQUEI ONDE A MATÉRIA FOI IMPRESSA, A DATA OU O NÚMERO DA EDIÇÃO?		
APRESENTEI MINHA OPINIÃO SOBRE O CONTEÚDO LIDO, USANDO A 1ª PESSOA DO SINGULAR?		
INCLUÍ ARGUMENTOS QUE JUSTIFICAM MEU POSICIONAMENTO?		
ANOTEI MEU NOME, IDADE E LOCAL DE ONDE ESCREVI?		

Faça as correções necessárias e reescreva a carta nas páginas reservadas à versão final. Por fim, verifique como você vai enviar a carta para o veículo que divulgou a matéria que leu, via correio ou por *e-mail*. Siga as orientações do professor para realizar o envio.

RASCUNHO

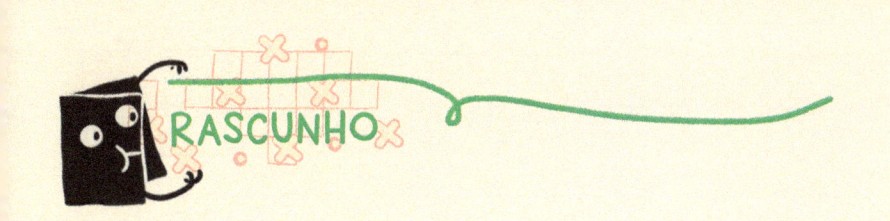

VERSÃO FINAL

MÃOS À OBRA!

SEMINÁRIO BULLYING: ESTÁ NA HORA DE ACABAR COM ISSO!

Nesta unidade, você leu um artigo de opinião e uma carta de leitor que falavam sobre o *bullying*.

Agora, você vai se reunir com alguns colegas da turma para apresentarem um seminário, expondo mais informações sobre esse assunto à comunidade escolar.

1ª ETAPA

PLANEJAMENTO DO SEMINÁRIO

- Sob a orientação do professor, forme um grupo com três ou quatro colegas para realizarem o seminário.
- Pesquisem mais informações sobre o tema *bullying* em revistas e jornais, impressos ou digitais, e em *sites* da internet.
- Vocês poderão escolher temas como:

CYBERBULLYING
É o uso das comunicações digitais para acusar, exibir ou agredir uma pessoa.

BULLYING FÍSICO
Refere-se a qualquer agressão física, como quebrar ou pegar objetos sem pedir; bater, empurrar ou beliscar, a fim de intimidar uma pessoa.

BULLYING VERBAL
São as ofensas verbais feitas com o intuito de ofender, insultar; inventar mentiras sobre a pessoa, a fim de prejudicá-la.

PRODUÇÃO DOS CONVITES

- Com a ajuda do professor, escolham uma data, o horário e o local do seminário. Verifiquem um espaço na escola que possa acomodar os convidados.
- Os convites podem ser individuais ou produzidos em cartazes, que devem ser fixados em vários murais da escola. Lembrem-se de distribuí-los ou colá-los com antecedência, em locais visíveis da escola.

2ª ETAPA

PRODUÇÃO DO SEMINÁRIO

- Após reunirem as pesquisas sobre o tema, leiam os textos e separem as informações mais importantes para apresentarem.
- Dividam as partes entre os integrantes do grupo e elaborem um roteiro, organizando o que cada um vai apresentar. O seminário poderá ser dividido em: introdução, desenvolvimento e conclusão.
- Para auxiliar no momento da apresentação e na memorização, cada membro do grupo deverá produzir um texto com o conteúdo que vai apresentar.
- Vocês poderão utilizar diferentes recursos como material de apoio, por exemplo, vídeos e cartazes, para exibir as principais informações sobre o tema, e expor algumas imagens, a fim de confirmar as informações e também despertar a atenção dos convidados.

ENSAIO PARA A APRESENTAÇÃO

- Antes do dia marcado para a apresentação dos seminários, combinem um ensaio com os colegas do grupo.
- Estejam atentos ao tempo de apresentação para que não ultrapassem o que foi estipulado pelo professor.
- Filmem o ensaio para depois poder assistir e avaliar o desempenho de cada um para melhorar a apresentação.

3ª ETAPA

APRESENTAÇÃO DO SEMINÁRIO

- No dia da apresentação, contando com a orientação do professor, vocês vão organizar o espaço para receber os convidados.
- Sigam o roteiro que fizeram, prestando atenção na fala de cada integrante e respeitando o tempo estipulado pelo professor para cada grupo.
- Posicionem-se de frente para os convidados e apresentem as informações utilizando uma linguagem formal e um tom de voz adequado.
- Um dos integrantes poderá ficar responsável por mostrar o material de apoio enquanto os outros estiverem apresentando.
- Ao final da apresentação, agradeçam a atenção dos convidados.

AVALIAÇÃO

Após as apresentações, o professor vai promover um momento para a turma conversar e avaliar como foi a realização do seminário.

- Para isso, troquem ideias sobre os seguintes aspectos:
  - conseguimos selecionar informações importantes para a apresentação do nosso seminário?
  - seguimos o roteiro e respeitamos o tempo estipulado pelo professor para a nossa apresentação?
  - todos os integrantes do grupo participaram das etapas de organização do seminário?
  - ajudamos na organização do espaço para a apresentação?
  - o que podemos melhorar nas próximas apresentações de seminários?

UNIDADE

4

VAMOS CUIDAR DO QUE É NOSSO!

Nesta unidade, você vai estudar as principais características dos gêneros **sinopse** e **crônica**. Depois, vai produzir a sinopse de um livro e uma crônica.

BOM TRABALHO!

A O que está sendo representado nesta imagem?

B Que ideia esta imagem transmite? Comente.

C Qual é a importância da preservação do ambiente para os seres vivos?

D Quem você acha que é responsável pela preservação do ambiente? Por quê? Comente.

CAPÍTULO 7
VOU TE CONTAR... MAS NÃO TUDO

LENDO

O texto a seguir é a **sinopse** de um livro. Sobre o que será que este texto vai tratar? Observe a capa do livro para tentar descobrir qual será o tema apresentado.

Agora, vamos ler a sinopse para saber se a sua opinião está correta.

Os autores guiam os leitores numa expedição ao meio ambiente, apresentando dados sobre a escassez da água, a qualidade do ar, a construção de hidrelétricas, espécies de animais em extinção, aquecimento global, reciclagem, e muito mais. A cada tema tratado são apresentados experimentos científicos e dicas para a criança colocar em prática ações em prol de um planeta sustentável, como economizar energia, reciclar o lixo, utilizar menos o carro, evitar desperdício de água, entre outras atitudes direcionadas a toda família.

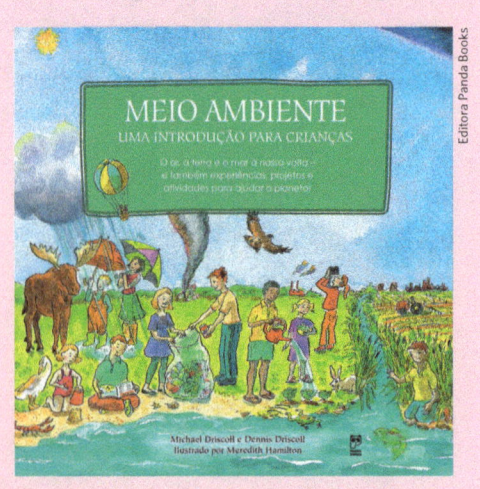

Meio ambiente: uma introdução para crianças. **Panda Books**. Disponível em: <www.pandabooks.com.br/livro-meio-ambiente-uma-introducao-para-criancas?search=meio%20ambiente>. Acesso em: 15 ago. 2017.

COMPREENDENDO O TEXTO

1. A sua opinião sobre o que o texto iria apresentar estava correta? Comente.

2. Na sinopse lida, são citadas ações em favor do ambiente. Quais são essas ações?

3. Releia o trecho inicial da sinopse.

> Os autores guiam os leitores **numa expedição ao meio ambiente**.

A. A quais autores o texto faz referência?

B. Com que ideia a expressão em destaque foi empregada?

4. De acordo com a sinopse, quais são os temas apresentados no livro?

ATITUDE CIDADÃ

Hoje em dia, vemos diversas ações voltadas à preservação do planeta Terra, entre elas, consumir os recursos naturais de forma consciente e jogar o lixo no lixo! No entanto, nosso planeta ainda sofre com diversos problemas. Assim, seja na escola, seja no trabalho, seja em casa, proteger o ambiente é uma responsabilidade de todos!

ESTUDANDO A SINOPSE

1. A sinopse lida faz referência a um livro. Qual é o título dele?

_____

2. Assinale com que objetivo uma sinopse de livro é produzida.

○ Informar o valor do livro a que se refere e onde ele pode ser adquirido.

○ Divulgar a obra, despertando o interesse para a leitura dela.

○ Apresentar informações sobre o conteúdo do livro sem emitir a opinião de quem a escreve.

3. Leia outra sinopse de livro.

[...] **As Marias** conta a história de duas meninas que nunca se conheceram, mas que tinham uma coisa em comum além do mesmo nome: professoras encantadas por livros.

Agora, imagine só o que aconteceu com as meninas quando elas abriram as malotecas de suas professoras... Só mesmo lendo para descobrir!

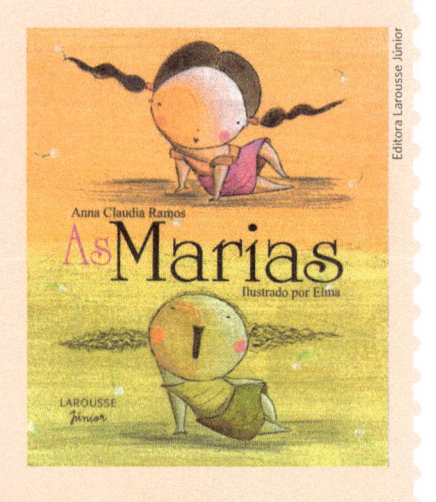

As Marias. **Anna Claudia Ramos**. Disponível em: <http://annaclaudiaramos.com.br/arquivos/course/as-marias>. Acesso em: 10 ago. 2017.

Analise essa sinopse e a da página **114**. Com base nessa análise, é possível afirmar que uma característica da sinopse de livro é:

○ apresentar o final, o desfecho da história.

○ não apresentar o final, o desfecho da história.

4. Em qual veículo de comunicação a sinopse da página anterior foi publicada?

_____

5. Observe outros veículos nos quais são publicadas sinopses de livros. Ligue as imagens ao veículo a que elas se referem.

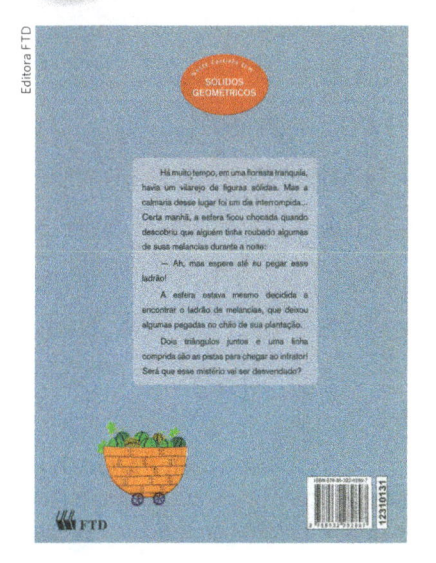

QURTA CAPA DE LIVRO

CATÁLOGO DE DIVULGAÇÃO DE LIVROS

REVISTA

117

6. Além de sinopses de livros, podemos encontrar sinopses de filmes, músicas e peças de teatro.

Leia as sinopses a seguir e identifique cada uma delas com os algarismos romanos abaixo.

I MÚSICA   **II FILME**   **III PEÇA DE TEATRO**

○ Eugênio (Lucas Cotrim) é um garoto de 11 anos que jamais se separa do guarda-chuva herdado de seu avô. No último dia de férias ele e Cebola (Victor Froiman), seu melhor amigo, precisam entrar na sombria casa onde fica sua nova escola. O motivo é para resgatar Frida (Rafaela Victor), a grande paixão de Eugênio, que foi sequestrada pelo fantasma do Barão Von Staffen (Daniel Dantas).

Eu e meu guarda-chuva. **Adorocinema**. Disponível em: <www.adorocinema.com/filmes/filme-202467/>. Acesso em: 13 ago. 2017.

○ Como parte da celebração de seu aniversário de 20 anos de carreira, a dupla "Palavra Cantada" está lançando um *box* comemorativo que contém os 12 CDs lançados ao longo de sua trajetória musical, são eles: Canções de Ninar, Canções de Brincar, Canções Curiosas, Cantigas de Roda, Carnaval, Meu Neném, Mil Pássaros, Noite Feliz, Canções do Brasil, Pé com Pé, Tocada, Um Minutiiiinho!
[...]

Coleção Palavra Cantada 20 anos - Box com 12 CDs. **Livraria Cultura**. Disponível em: <www.livrariacultura.com.br/p/musica/musica/infantil/palavra-cantada/colecao-palavra-cantada-20-anos-box-com-12-cds-46125378>. Acesso em: 12 ago. 2017.

História resgatada por Luís da Câmara Cascudo, que conta a trajetória de João, um rapaz amarelo que ao parar numa gruta para descansar é surpreendido pelo rosto da princesa que estava encantada. Ele, então, aceita o desafio de desencantá-la passando por difíceis provas de coragem e persistência. A peça é ambientada numa enorme caixa de imagens — *slide* e silhuetas são projetadas sobre um tecido branco. Cenário e bonecos são inspirados na xilogravura e a trilha sonora com base eletrônica traz o ritmo nordestino. [...]

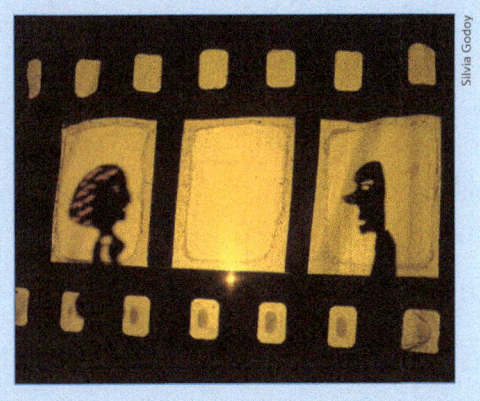

A Princesa de Bambuluá. **Cia Quase Cinema**. Disponível em: <www.ciaquasecinema.com/bambulua-release>. Acesso em: 28 ago. 2017.

7. Neste estudo, você leu algumas sinopses. Com relação ao autor de uma sinopse, é possível afirmar que:

- a sinopse é assinada pelo seu autor, ou seja, é possível saber quem a escreveu.

- a sinopse não é assinada pelo seu autor, ou seja, não é possível saber quem a escreveu.

PARA CONHECER MAIS

No livro **Meu jardim secreto**, Shu-Nu Yan conta a história de João, um menino que adora desenhar e observar um bosque misterioso perto de sua casa. Com o tempo, esse lugar torna-se seu jardim secreto, mas um conflito o fará viver uma grande aventura e refletir sobre a importância do verde.

PRODUÇÃO ESCREVENDO UMA SINOPSE DE LIVRO

Você estudou algumas características das sinopses e viu que elas podem ser usadas para apresentar informações sobre livros, filmes, peças de teatro e músicas. Agora, você vai colocar em prática o que estudou.

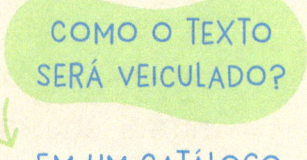

O QUE VOU ESCREVER?
↳ UMA SINOPSE DE LIVRO.

PARA QUE EU VOU ESCREVER?
↳ PARA DIVULGAR UM LIVRO.

COMO O TEXTO SERÁ VEICULADO?
↳ EM UM CATÁLOGO DE SUGESTÕES DE LEITURA DA TURMA.

PLANEJANDO

Para planejar a sua sinopse, veja as orientações a seguir.

- Escolha um livro cuja história você gostou de ler.
- Anote as seguintes informações sobre o livro:

TÍTULO	
AUTOR	
EDITORA E ANO	
PRINCIPAIS FATOS DO LIVRO	

- Caso não se lembre dos fatos, leia o livro novamente para levantar as principais informações sobre a história.

PRODUZINDO A SINOPSE DE LIVRO

Chegou o momento de escrever a sinopse. Veja algumas dicas.

- Escreva a primeira versão na folha de rascunho, na página 122.
- Coloque o título do livro no início da sinopse.
- Escreva a sinopse com os principais fatos do livro escolhido por você, sem dar muitos detalhes. Lembre-se de não apresentar o final da história.
- Use um registro formal, atentando-se à escrita das palavras e à pontuação.
- Insira os demais dados do livro: autor, editora e ano de lançamento.

AVALIANDO A SINOPSE DE LIVRO

Faça uma avaliação da sua sinopse com base nas questões a seguir.

AVALIAÇÃO	SIM	NÃO
O TÍTULO DO LIVRO ESTÁ NO INÍCIO DA SINOPSE?		
A SINOPSE APRESENTA OS PRINCIPAIS FATOS DA HISTÓRIA?		
A SINOPSE NÃO APRESENTA O FINAL DA HISTÓRIA?		
OS DADOS SOBRE AUTOR, EDITORA E ANO DE LANÇAMENTO DO LIVRO FORAM INSERIDOS?		

Corrija o que for necessário e reescreva a sinopse na página reservada à versão final. Depois, guarde-a, pois você vai usá-la na seção **Mãos à obra!**.

MÃOS À OBRA! NA SEÇÃO **MÃOS À OBRA!**, A SUA SINOPSE FARÁ PARTE DE UM **CATÁLOGO DE SUGESTÕES DE LEITURA DA TURMA**, QUE SERÁ DOADO À BIBLIOTECA DA ESCOLA OU À MUNICIPAL.

RASCUNHO

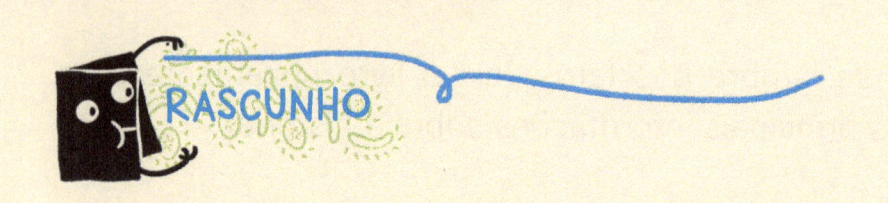

VERSÃO FINAL

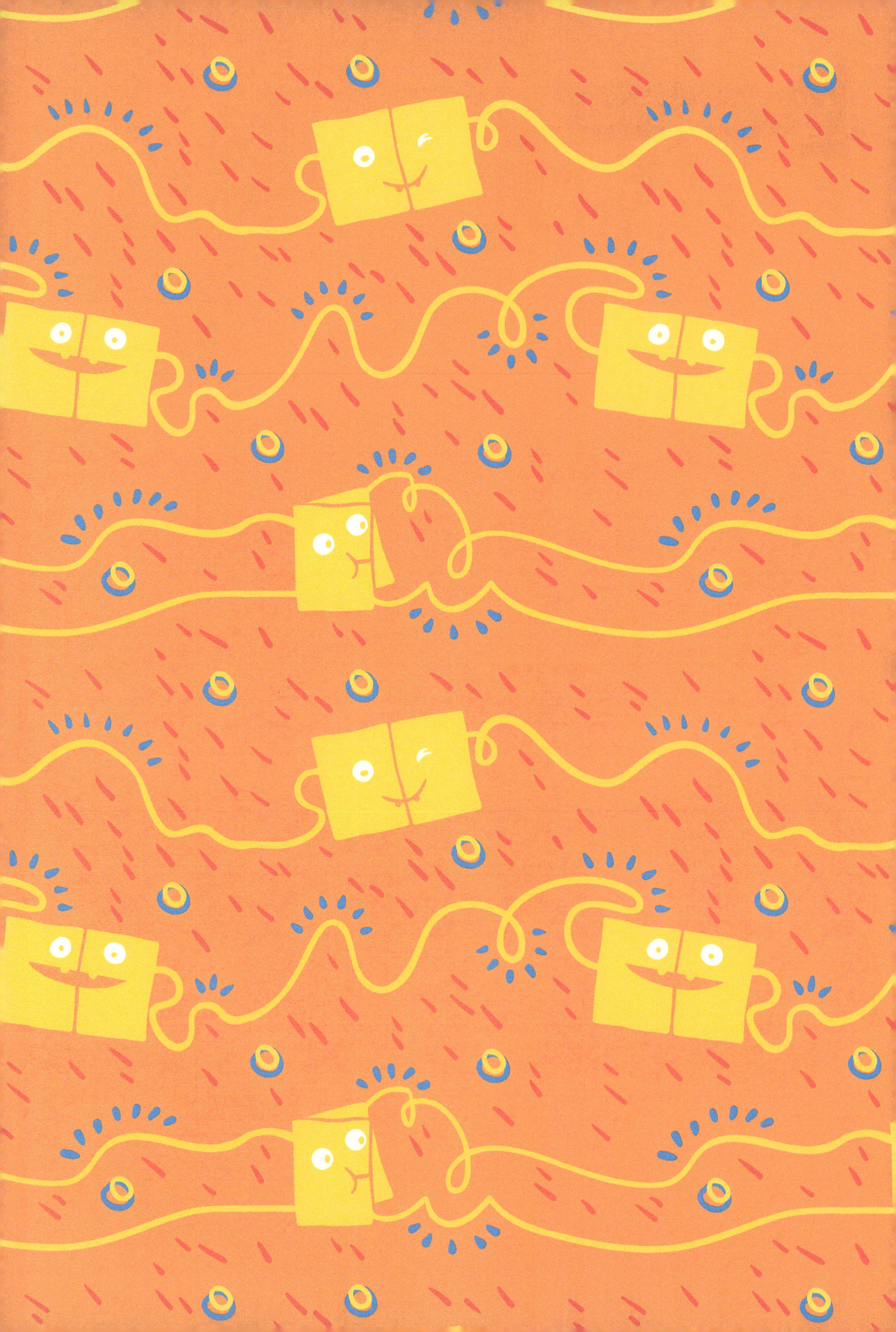

CAPÍTULO 8 — O FUTURO DEPENDE DE NÓS

LENDO

Você acha que tudo o que jogamos fora é lixo? Para onde será que vai tudo o que descartamos? Será que existe alguma maneira de diminuir o lixo que produzimos no dia a dia?

O texto a seguir é uma **crônica**. Leia-a e conheça uma solução para esse problema do lixo.

Nem tudo que se joga fora é lixo

Todo dia da nossa vida, a gente pega tudo o que não interessa mais e joga fora, certo? Daí vem o lixeiro e leva. Parece simples, mas... para onde o lixeiro leva o lixo? Há lugares onde eles jogam tudo, que são os lixões. Lá, os homens ficam pondo lixo e enterrando, até que junta tanto lixo que nem todas as máquinas do mundo conseguiriam enterrar. Nessa hora, é preciso encontrar novos lugares para fazer novos lixões. A gente nunca pensa nisso, afinal os lixões são todos longe da casa da maioria de nós. Mas fique sabendo que isso é problema desse tamanho!

Charles Harker/Shutterstock.com

Algumas coisas que nós jogamos fora são tão venenosas que contaminam a terra dos lixões por muitos anos. O problema é que não existe mágica.

Enquanto a gente viver, vai produzir lixo. O jeito menos besta de ajudar nisso é criar a menor quantidade de lixo possível. Como?

Reciclando. Reciclar não é só juntar vidro e jornal e vender para o garrafeiro, que vai vender para a fábrica de vidro ou papelão.

Ou então dar para o lixeiro nas cidades que coletam lixo reciclado.

A gente precisa aprender a gastar bem as coisas antes de jogar fora! Usar sempre o papel dos dois lados, usar vidros e saquinhos pra guardar outras coisas depois de bem lavadinhos... Se a gente não se preocupar com isso, logo vai haver uma montanha fedida perto da nossa casa! Escute o que eu estou falando!

Fernando Bonassi. Nem tudo que se joga fora é lixo. Em: Fernando Bonassi. **Vida da gente**: crônicas publicadas no suplemento Folhinha de S.Paulo. São Paulo: Formato, 1999. p. 21.

FERNANDO BONASSI

Escritor de vários livros, contos e crônicas, Bonassi é também cineasta (diretor de cinema). Entre os trabalhos que realizou no cinema, destacam-se **Castelo Rá-Tim-Bum** e **Estação Carandiru**.

COMPREENDENDO O TEXTO

1. Qual é o assunto apresentado nessa crônica? Comente.

2. Essa crônica foi publicada em livro em 1999. Em sua opinião, o assunto apresentado nela ainda é atual? Explique.

3. Fernando Bonassi diz que, se a gente não tomar cuidado, "logo vai haver uma montanha fedida perto da nossa casa". Além desse problema, que outros problemas o acúmulo de lixo pode causar?

4. De acordo com a crônica, há cidades em que há coleta de lixo para ser reciclado. Isso ocorre no lugar onde você mora? Comente.

5. Releia estes trechos da crônica.

> Todo dia da nossa vida, **a gente** pega tudo o que não interessa mais [...].

> **A gente** nunca pensa nisso [...].

> Enquanto **a gente** viver, vai produzir lixo. Se **a gente** não se preocupar com isso [...].

Ao usar a expressão **a gente**, Fernando Bonassi está dizendo que o problema do lixo é de quem?

◯ Somente dele. ◯ De si mesmo e das pessoas.

6. Considerando do 3º ao 5º parágrafo do texto, o que podemos fazer para diminuir a quantidade de lixo que produzimos? Assinale.

◯ Juntar vidro e papel para serem vendidos para as fábricas.

◯ Deixar o lixo em qualquer lugar para alguém coletar.

◯ Usar o papel dos dois lados.

◯ Usar vidros e saquinhos para guardar outras coisas.

◯ Separar os materiais para a coleta de lixo reciclado.

7. Uma crônica é escrita com o objetivo de promover uma reflexão e isso pode ser feito de diferentes formas: de uma maneira divertida, de uma forma mais séria ou provocando emoção no leitor.

Qual das afirmativas a seguir está relacionada à crônica "Nem tudo que se joga fora é lixo"? Assinale.

◯ Trata de um assunto cotidiano de forma divertida, bem-humorada.

◯ Aborda uma situação cotidiana, despertando a emoção no leitor.

◯ Promove uma reflexão, de forma crítica, sobre um problema atual.

ESTUDANDO A CRÔNICA

1. Uma crônica é produzida com base em fatos do dia a dia que podem acontecer com qualquer pessoa. Qual assunto cotidiano motivou o autor a escrever a crônica lida?

_____

2. Nessa crônica, o autor emite uma opinião sobre um determinado assunto, usando argumentos para defender seu ponto de vista. Escreva um argumento que Bonassi usa em sua crônica.

_____
_____
_____

3. Os fatos que são tratados em uma crônica, geralmente, são curiosos ou engraçados. São situações que o cronista observa no dia a dia e os transforma em "história"; as pessoas da vida real viram personagens.

Imagine ou pesquise duas situações curiosas ou engraçadas que poderiam ser temas para crônicas. Escreva-as.

I _____
_____
_____
_____

II _____
_____
_____
_____

4. A crônica pode ser publicada em jornais, revistas, em livros ou em *sites* da internet. A crônica das páginas **125** e **126** foi publicada em mais de um veículo de comunicação. Quais?

_____
_____

5. As crônicas apresentam um título que, na maioria das vezes, revela a ideia principal desenvolvida no texto.

Leia os trechos das crônicas a seguir. Depois associe cada uma delas aos títulos apresentados abaixo, escrevendo-os nas linhas reservadas a eles.

O PRIMEIRO CADERNO   A GRAVATA   CONFUSO

_____

O Consumidor acordou confuso. Saíam torradas do seu rádio-despertador. De onde saía então — quis descobrir — a voz do locutor? Saía do fogão elétrico, na cozinha, onde a Empregada, apavorada, recuara até a parede e, sem querer, ligara o interruptor da luz, fazendo funcionar o gravador na sala. O Consumidor confuso sacudiu a cabeça, desligou o fogão e o interruptor, saiu da cozinha, entrou no banheiro [...]. Abriu uma torneira do banheiro para lavar o sono do rosto. Talvez aquilo tudo fosse só o resto de um pesadelo. Pela torneira jorrou café instantâneo.

[...]

Luis Fernando Verissimo. Em: Carlos Eduardo Novaes e outros. **Crônicas**. São Paulo: Ática, 1981. p. 29. v. 7. (Para gostar de ler).

_____

Emoções há muitas na vida, e de todos os tipos, mas raras se comparam em intensidade àquela que a gente tem quando se compra o primeiro caderno escolar. De cinquenta folhas ou de cem, pautado ou sem pauta, humilde ou sofisticado, não importa: o primeiro caderno é o símbolo de uma nova etapa. De uma nova vida. [...]

Moacyr Scliar. **Um país chamado infância**. São Paulo: Ática, 1995. p. 46. v. 18. (Para gostar de ler).

[...]

O marido estava na sala, lendo uma revista. A mulher o surpreendeu com o presente. Ele ficou por algum tempo tentando adivinhar o que havia dentro daquele pacote. A surpresa foi ainda maior quando ele viu o que era. O que iria fazer com aquilo, se nem ao menos um terno decente possuía?

[...]

Alexandre Azevedo. **O vendedor de queijos e outras crônicas**. São Paulo: Atual, 1991. p. 11.

6. A crônica pode ser narrada em 1ª ou 3ª pessoa. Leia os trechos das crônicas a seguir.

Todo dia da nossa vida, a gente pega tudo o que não interessa mais e joga fora, certo? Daí vem o lixeiro e leva. Parece simples, mas... para onde o lixeiro leva o lixo? Há lugares onde eles jogam tudo, que são os lixões. Lá, os homens ficam pondo lixo e enterrando [...].

Fernando Bonassi. Nem tudo que se joga fora é lixo. Em: Fernando Bonassi. **Vida da gente**: crônicas publicadas no suplemento Folhinha de S.Paulo. São Paulo: Formato, 1999. p. 21.

Ingridhi Borges

A televisão transmite a cara e a voz de alguém que fala, entre outras coisas, em "povo brasileiro". O menino pergunta:

— Mamãe, você é povo brasileiro?

— Sou, todo mundo que mora no Brasil é povo brasileiro.

— Todo mundo, não. Eu não sou povo brasileiro. [...] — Não sou povo porque sou criança. Criança não é povo!

[...]

Ferreira Gullar. Pais e filhos. Em: Ferreira Gullar. **O menino e o arco-íris**. São Paulo: Ática, 2009. p. 17. v. 31. (Para gostar de ler).

Anote, nos espaços ao lado dos trechos de crônicas, em que pessoa cada um deles é escrito.

I 1ª PESSOA   II 3ª PESSOA

7. Leia outra crônica.

A bola

O pai deu uma bola de presente ao filho. Lembrando o prazer que sentira ao ganhar a sua primeira bola do pai. Uma número 5 sem tento oficial de couro. Agora não era mais de couro, era de plástico. Mas era uma bola.

O garoto agradeceu, desembrulhou a bola e disse "Legal!". Ou o que os garotos dizem hoje em dia quando gostam do presente ou não querem magoar o velho. Depois começou a girar a bola, à procura de alguma coisa.

— Como é que liga? — perguntou.

— Como, como é que liga? Não se liga.

O garoto procurou dentro do papel de embrulho.

— Não tem manual de instrução?

O pai começou a desanimar e a pensar que os tempos são outros. Que os tempos são decididamente outros.

— Não precisa manual de instrução.

— O que é que ela faz?

— Ela não faz nada. Você é que faz coisas com ela.

— O quê?

— Controla, chuta...

— Ah, então é uma bola.

— Claro que é uma bola.

— Uma bola, bola. Uma bola mesmo.

— Você pensou que fosse o quê?

— Nada, não.

O garoto agradeceu, disse "Legal", de novo, e dali a pouco o pai o encontrou na frente da tevê, com a bola nova do lado, manejando os controles de um *videogame*. Algo chamado Monster Bali, em que times de monstrinhos disputavam a posse de uma bola em forma de *blip* eletrônico na tela ao mesmo tempo que tentavam se destruir mutuamente. O garoto era bom no jogo. Tinha coordenação e raciocínio rápido. Estava ganhando da máquina.

O pai pegou a bola nova e ensaiou algumas embaixadas. Conseguiu equilibrar a bola no peito do pé, como antigamente, e chamou o garoto.

— Filho, olha.

O garoto disse "Legal", mas não desviou os olhos da tela. O pai segurou a bola com as mãos e a cheirou, tentando recapturar mentalmente o cheiro de couro. A bola cheirava a nada. Talvez um manual de instrução fosse uma boa ideia, pensou. Mas em inglês, para a garotada se interessar.

Luis Fernando Verissimo. A bola. Em: Luis Fernando Verissimo. **Festa de criança**. São Paulo: Ática, 2000. p. 29-30. (Para gostar de ler Júnior). © by Luiz Fernando Verissimo.

A crônica geralmente apresenta um número pequeno de personagens.

A. Quantos personagens há nessa crônica? Quais são eles?

B. A crônica "Nem tudo que se joga fora é lixo" promove uma reflexão sobre um problema atual. E a crônica "A bola", também foi produzida com esse objetivo? Explique.

133

PRODUÇÃO ESCREVENDO UMA CRÔNICA

Neste capítulo, você leu algumas crônicas e conheceu as características desse gênero.

Agora, em duplas, vocês vão escrever uma crônica.

O QUE VOU ESCREVER?
↳ UMA CRÔNICA.

PARA QUEM EU VOU ESCREVER?
↳ PARA A COMUNIDADE ESCOLAR.

COMO O TEXTO SERÁ VEICULADO?
↳ EM UM LIVRO DE CRÔNICAS DA TURMA.

PLANEJANDO

Para planejar a crônica, vejam as orientações a seguir.

- Em dupla, escolham um fato cotidiano, comum de acontecer com qualquer pessoa, para vocês escreverem sobre ele. Lembrem-se de que o fato vai direcionar o objetivo da produção. Vejam alguns exemplos.

UMA CONVERSA ENTRE UM ADULTO E UMA CRIANÇA EM UMA FILA.

A FALTA DE SINALIZAÇÃO DE TRÂNSITO EM UM LOCAL.

UMA LIGAÇÃO TELEFÔNICA POR ENGANO.

A EXPLORAÇÃO DO TRABALHO INFANTIL.

- Vocês também poderão escrever a crônica com base em:
  > uma fotografia ou imagem engraçada ou que promova uma reflexão;

> uma notícia inusitada ou engraçada, que pode ser extraída de jornal ou revista. Veja alguns exemplos.

Dono constrói labirinto de caixas de papelão para gatos

Disponível em: <http://g1.globo.com>. Acesso em: 18 ago. 2017.

Vereador mata cobra com mordida após ser picado

Disponível em: <http://noticias.band.uol.com.br>. Acesso em: 18 ago. 2017.

Mulher salva lagarto que se afogou usando técnica de primeiros socorros

Disponível em: <https://noticias.uol.com.br>. Acesso em: 18 ago. 2017.

- Escolhido o assunto, pensem sobre o que vão escrever e lembrem-se de que a crônica deve promover uma reflexão.
- Anotem os principais fatos que farão parte da crônica.
- Decidam quais serão os personagens que farão parte da crônica. Lembrem-se de incluir poucos personagens.
- Escolham se os fatos serão escritos em:
  > 1ª pessoa (narrador-personagem);
  > 3ª pessoa (narrador-observador).
- Pensem em um título que revele a ideia principal do texto.

PRODUZINDO A CRÔNICA

Chegou o momento de escrever a crônica. Para isso, sigam algumas orientações.

- Escrevam a primeira versão da crônica nas folhas de rascunho, nas páginas 137 e 138.

- Iniciem apresentando a situação ou o fato principal e os personagens. Foquem em uma situação para servir de ponto de partida para a crônica, lembrando-se de que vocês não vão recontar uma situação ou fato, mas desenvolver a crônica com base neles.
- Escrevam a crônica indicando onde e quando os fatos ocorreram.
- Empreguem a 1ª ou a 3ª terceira pessoa.
- Pensem em um desfecho interessante e coerente com o restante da crônica.
- Escrevam o título no início da página.

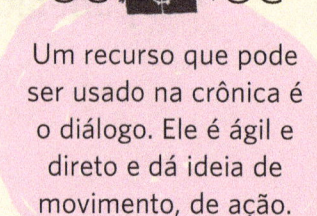

> Um recurso que pode ser usado na crônica é o diálogo. Ele é ágil e direto e dá ideia de movimento, de ação.

Avaliando a crônica

Façam uma avaliação da crônica com base nas questões a seguir.

Avaliação	Sim	Não
O título está no início da crônica?		
A crônica apresenta personagens e o lugar onde os fatos ocorreram?		
O texto deixa claro o seu objetivo: promover uma reflexão com base em um fato do cotidiano?		
O narrador foi mantido do início ao fim da história?		

Depois de pronto, troquem o texto com outra dupla. Deem sugestões para melhorar o texto deles e vejam as sugestões deles para melhorar a crônica de vocês. Corrijam o que for necessário e reescrevam a crônica nas páginas reservadas à versão final.

Sob a orientação do professor, as duplas vão ler as crônicas, a fim de que todos conheçam os textos produzidos.

Depois, o professor vai orientar a montagem de um livro de crônicas da turma.

RASCUNHO

VERSÃO FINAL

MÃOS À OBRA!

CATÁLOGO DE SUGESTÕES DE LEITURA DA TURMA

Nesta unidade, você escreveu a sinopse de um livro de cuja história gostou bastante. Agora, você e seus colegas vão produzir um **Catálogo de sugestões de leitura da turma** com as sinopses produzidas. Assim, as pessoas poderão ler e escolher os livros que desejam ler.

1ª ETAPA

PREPARAÇÃO DAS SINOPSES

- O professor entregará à turma as sinopses que produziram no capítulo 7.
- Releia a sinopse e verifique se ela precisa de alguma adequação. Esse é o momento dos ajustes finais.
- Pesquise uma imagem da capa do respectivo livro para acompanhar a sua sinopse. Veja, a seguir, uma sugestão de organização para as páginas do catálogo.

TÍTULO

TEXTO DA SINOPSE

CAPA DO LIVRO

2ª ETAPA

Neste momento, o professor dividirá a turma em grupos. Cada grupo ficará responsável pela produção de uma etapa do catálogo.

GRUPO 1

ORGANIZAÇÃO DOS TEXTOS

- Este grupo deverá reunir as sinopses produzidas pela turma e ordená-las alfabeticamente pelo título dos livros.
- Em seguida, deverá numerar todas as páginas em ordem crescente.

GRUPO 2

SUMÁRIO DO CATÁLOGO

- Este grupo será responsável pela produção de um sumário para o catálogo. Para isso, deverá utilizar a organização das sinopses feita pelo **GRUPO 1**.
- O sumário deverá ser composto pelo título do livro e pela página em que a sinopse se encontra, seguindo a ordem previamente organizada. Veja o exemplo.

Sumário

A cigarra e a formiga 9
As Marias..12
Marcelo, Marmelo, Martelo..............................16
O rato do campo e o rato da cidade..................20

GRUPO 3

CAPA E QUARTA CAPA DO CATÁLOGO

- A capa do catálogo deverá ser composta por uma imagem, pelo título **Catálogo de sugestões de leitura**, pelo nome da turma e do professor e pelo nome da escola (como se fosse a editora).
- A quarta capa deverá ter um pequeno texto explicando sobre o que é o catálogo, quem foram os responsáveis por fazê-lo e qual é o seu objetivo.

Observe a seguir.

TÍTULO DO CATÁLOGO

TEXTO DE APRESENTAÇÃO DO CATÁLOGO

Catálogo de sugestões de leitura

ESCOLA LEONOR VIEIRA

ALUNOS DO 5º ANO
PROFESSOR JOÃO AUGUSTO

NOME DOS AUTORES DO CATÁLOGO

IMAGEM PARA ILUSTRAR A CAPA DO CATÁLOGO

3.ª ETAPA

MONTAGEM DO CATÁLOGO

Após todos os grupos finalizarem suas tarefas, vocês deverão reunir as partes do catálogo e juntá-las na seguinte ordem:

CAPA DO CATÁLOGO → SUMÁRIO → SINOPSES → QUARTA CAPA

4.ª ETAPA

EMPRÉSTIMO E DOAÇÃO DO CATÁLOGO

- A turma deverá combinar um rodízio a fim de levar o catálogo para casa e mostrá-lo aos familiares.
- Depois, o catálogo poderá ser doado à biblioteca da escola ou à biblioteca municipal para que outras pessoas também conheçam um pouco sobre os livros lidos por vocês e, quem sabe, se interessem por ler alguns deles.

AVALIAÇÃO

Ao final da atividade, com os colegas e o professor, conversem sobre o desenvolvimento do trabalho e o que poderia ser melhorado ou ser diferente.

Troquem ideias também sobre a participação de cada aluno na produção do catálogo, como:

- todos os membros do grupo participaram?
- as opiniões dos colegas foram respeitadas?
- o resultado final ficou como todos esperavam?